Seul, dans le sillage des caravelles

Du même auteur
chez le même éditeur :

Le Passage du Nord-Ouest.
Du Groenland au détroit de Béring, 1re édition 1979.

Inaccessible horizon.
« Williwaw », troisième navigation polaire, 1re édition 1985.

Willy de Roos

Seul dans le sillage des caravelles

ARTHAUD

Documents de l'auteur, pages 96-97.

Cartographie, page 150 : Explorations maritimes au sud du Chili, au XVIe s.
pages 192-193 : Le détroit de Magellan et la côte du Chili de Valdivia au cap Horn.

I.S.B.N. 2-7003-0778-X – I.S.S.N. 0224-5108.

Avant-propos

L'envie d'écrire m'est revenue spontanément. Terminant une convalescence qui ne m'empêchait en rien de me servir des moyens de traitement de textes dont j'avais équipé le bateau, j'aurais pu commencer l'écriture depuis quelque temps déjà. Mais des préoccupations multiples et le manque de recul pour les approcher de manière concrète ne m'incitèrent guère à livrer mes pensées.

En arrivant à Buenos Aires, un incident fâcheux m'avait brusquement plongé dans un de ces états d'esprit qui font que l'on ne sait plus très bien où l'on en est. En prenant, voici trois mois déjà, la bouée d'amarrage et en relevant la lourde chaîne qui la rattache au corps-mort, ultime manœuvre après soixante-huit jours de mer, j'avais fait un effort qui avait provoqué une hernie. Quelques jours plus tard une opération chirurgicale devenait indispensable pour traiter une hernie étranglée.

Je pris mal le fait de constater que ma musculature abdominale ait pu céder à cause d'un acte violent certes, mais en rien exceptionnel. Le spectre de la dégénérescence due à l'âge – je suis né en 1923 – fit irruption dans mon esprit. Le moment était mal venu. Tous nous devons admettre de l'âge les irréparables outrages, mais l'idée de ne plus être ce que j'avais été me semblait, en ce moment précis, insupportable. En quittant la Belgique, j'avais pris la mer pour une nouvelle expédition dont la partie importante commençait au sud de Buenos Aires. J'étais seul à 4 000 milles de mon port d'attache. J'avais investi beaucoup de temps et d'argent dans la préparation de cette nouvelle exploration et comme elle ne paraissait guère facile pour un solitaire, même bien portant, je voyais déjà, en plus de ma déchéance physique, tous ces efforts faits en pure perte. Ces pensées préoccupantes habitaient toujours mon esprit, lorsque, étendu sur un lit d'hôpital à Valdivia au Chili, je repris conscience, soulagé de savoir l'intervention chirurgicale terminée (j'allais écrire « derrière le dos » ce qui, dans le cas de ma hernie, eut été parfaitement saugrenu).

Au cours des jours et des semaines qui suivirent, la gêne, tout naturellement ressentie après l'opération, s'estompa et avec elle la plus grande partie de mes préoccupations. J'avais progressivement retrouvé ma forme physique : la récupération avait été, aux dires du médecin, extraordinairement rapide, ce qui m'avait donné à penser que la vitalité intérieure n'était pas atteinte, que la hernie était simplement accidentelle et que mes craintes de perdre l'opportunité de vivre une nouvelle aventure n'étaient guère fondées. J'en remerciai le ciel et mon esprit libéré se fixa à nouveau sur des lendemains d'action, maintenant entrevus comme étant bien réels et demandant une mise en train urgente.

Par souci d'exactitude, je viens de transcrire fidèlement ce que fut, alors, ma première réaction. Pour mieux comprendre, il est temps de revenir un peu en arrière.

J'avais quitté la Belgique au début de 1986 dans l'intention de conduire le bateau à Buenos Aires et de revenir en avion, afin d'honorer un contrat qui me liait, pour quelques mois de conférences, en France. L'expédition que je projetais dans l'extrême sud, ne devait avoir lieu que l'année suivante. Le bateau étant déjà à Buenos Aires, j'aurais gagné du temps. Toutefois une perte d'huile au système de barre hydraulique et la peur de tomber sans gouverne au cours de la traversée, m'obligèrent à changer mes plans. Je mis le cap sur la côte sud du Portugal et fis escale à Vilamoura. Malgré la relation très amicale établie avec le directeur de la marina, le capitaine au long cours Henrique Pereira Coutinho, le manque d'infrastructure technique – l'aménagement du port n'était pas achevé –, une douane trop bureaucratique pour permettre une importation facile de pièces de rechange et l'ambiance un peu trop « vacances » de mise dans cette belle marina me firent quitter cette splendide région de l'Algarve pour relâcher dans le petit port de Saint-Cyprien en Méditerranée française où je pouvais plus facilement travailler.

J'eus la faiblesse d'accepter trois jeunes à bord. Ils avaient convoyé un bateau destiné à rester basé à Vilamoura et auraient aimé entamer le retour vers leur Hollande natale à partir de la France, les voies de communication y étant plus faciles. Les avoir pris à bord était une erreur : d'abord parce que mon bateau, qui n'offre que trois couchettes, n'est pas conçu pour naviguer à quatre, ensuite parce que les armoires étaient bourrées de tout ce dont j'ai besoin durant mes longs voyages, enfin, chose dont je me suis aperçu après avoir donné mon accord, mes Hollandais avaient beaucoup de bagages. Ils avaient aussi très soif, très faim et après, très sommeil. Pour vivre bien à bord il faut de l'ordre, ils n'en avaient pas. Ils n'avaient pas non plus le respect du bateau. C'est ce qui me heurtait le plus. Combien de fois ai-je dû leur demander de ne pas s'asseoir sur les coussins le corps enduit d'huile solaire. De ne pas venir à l'intérieur dégoulinant d'eau de mer après avoir nagé. Bref, peu après le départ tout était retourné à bord et je voyais avec ennui que j'aurais beaucoup mieux fait de naviguer en solitaire. Décidément, les bons équipiers sont à peine moins rares que les merles blancs. Pourtant, je n'ai pas eu trop à me plaindre. J'ai eu de très bons compagnons : Michel Barbry, au début du tour du monde; Eugène Leroux en Afrique du Sud; Michel Geerts qui m'a si souvent secondé et avec lequel, en revenant de Rio en 1979, je m'étais trouvé dans la tempête du Fastnet; Alphy Van Brande qui était du précédent voyage en Antarctique ou Jean Bourgeois qui m'accompagnait au cours du premier voyage dans l'extrême sud. Tous étaient à des titres divers d'excellents équipiers ou amis. Ils avaient suffisamment confiance en eux-mêmes pour pouvoir se plier à une discipline assez rigoureuse. Pour d'autres, il s'avère plus compliqué de s'entendre avec quelqu'un d'expérimenté et qui, de ce fait, a souvent raison dans les divergences. Avoir peu droit au chapitre est souvent mal supporté. Il m'a semblé que les incompatibilités se remarquaient rapidement. Les premiers jours sont en général les plus difficiles, car c'est dès son arrivée à bord que le candidat équipier est invité à assimiler un nombre de façons d'agir, qui parfois me sont très personnelles, mais qui sont toujours le fruit d'expériences antérieures.

Malheureusement, l'expérience d'autrui semble difficile à accepter. J'ai remarqué, souvent à mes dépens, combien chaque équipier veut expérimenter par lui-même. On a beau lui dire : ne faites pas telle ou telle chose, à peine le dos tourné il sera tenté d'essayer quand même. Mes Hollandais n'ont pas fait exception. Un jour de calme, fatigués de se bronzer au soleil, ils voulurent tangonner le foc avec la gaffe. Je leur avais déconseillé de le faire, le manche en bois étant trop sec. Quelques heures plus tard il ne me restait plus qu'un bout du manche, la gaffe était commise... et au fond de l'eau! Ce n'était pas une perte irréparable, elle était simplement inutile.

Je fus donc heureux de débarquer mon petit monde à Saint-Cyprien. C'était encore la pleine saison, mais l'autorité portuaire, sachant qu'il y avait du travail à bord, m'avait offert un amarrage un peu à l'écart. J'y rencontrai Sylvie et Alain attachés au centre de voiles de l'E.D.F. Avec eux et le sympathique capitaine du port, je retrouvais l'amitié des gens qui aiment aussi la mer pour sa difficulté. Ils m'invitaient quelques fois chez eux pour casser la croûte et faire sauter le bouchon. C'était toujours agréable, jamais trop long.

Le cycle des conférences débuta peu après mon arrivée au port. Il me donna beaucoup de satisfactions, la sympathie recueillie de la part du public me stimulait énormément dans mes projets d'avenir. Parfois, au cours de traversées précédentes, grelottant de froid, gémissant sous la douleur de l'onglet, je m'étais demandé quelle pouvait être ma justification intérieure pour accepter de me faire mal en cherchant volontairement la difficulté. Aujourd'hui, je ne me pose plus la question, la vie m'a répondu. Comme beaucoup d'autres je crois, j'ai toujours vécu ma solitude dans un dialogue intérieur : une conversation spontanée, parfois passionnée, tenue entre les voix de deux fonctions complexes, groupant les composantes de la personnalité. Ce dialogue peut traiter de sujets très variés car c'est au travers de lui que nous construisons ou animons la partie consciente de notre personnalité, à la fois celle que nous projetons vers l'extérieur et celle, forcément plus intime, qui concerne notre être intérieur. Comment savoir quelle attitude prendre dans telle ou telle situation, devant telle ou telle question morale, si on ne se le demande pas. Il doit donc y avoir dialogue.

A mon sens ce dialogue est capital car il permet, le cas échéant, d'harmoniser les différentes tendances de notre personnalité. Se parler, se questionner et se donner des réponses, c'est déjà mieux se connaître. C'est aussi essayer d'arriver à une entente et de progresser vers l'idéal : être ce qu'on espère être.

Ce dialogue peut mettre en présence une voix qui demande ou même exige et une autre qui représente la fonction exécutante. En pratique, l'une formule les exigences spécifiques en regard d'un but, d'une espérance; l'autre les moyens musculaires ou intellectuels jugés disponibles et la volonté de les mettre en œuvre. Dans ce cas précis, la paix intérieure est fonction de la bonne entente qui règne entre ces deux fonctions.

Dans les derniers milles du « Passage du Nord-Ouest », isolé dans l'océan polaire, je me suis trouvé seul, totalement épuisé. N'ayant plus la force de me tenir debout, j'ai clairement entrevu ma fin. Le dialogue intérieur était devenu très doux, amical. La voix qui demandait avait pris parfaitement conscience de la détresse des composantes d'exécution et comme celles-ci se mouraient, non pas par manque de volonté mais par inanition, aucun reproche ne pouvait leur être adressé.

Au contraire, la voix qui commandait avait toujours trouvé les éléments exécutants volontaires et disciplinés et ces derniers, informant l'autre de leurs peines mais sans s'opposer à poursuivre – conscients qu'une révolte aurait dissipé les dernières énergies –, firent tout ce qu'ils purent pour continuer à obéir.

Ce parfait accord intérieur, cette douceur dans les dialogues, les mots d'encouragement chuchotés et, finalement, le respect mutuel ressenti par les parties en cause, me remplirent d'une joie profonde et d'une grande sérénité.

Cette sérénité était un don du ciel, elle allait me faire survivre. La mort, tout d'un coup, n'apparaissait plus comme une fin. La vie m'aurait quitté, certes, mais jusqu'à la dernière lueur de ma conscience j'aurais été intérieurement heureux et ma joie m'aurait semblé éternelle. Cette nouvelle vision de la mort me libéra de l'angoisse qui l'accompagne, me permit de récupérer l'énergie qu'elle consumait et d'assurer ma survivance. Je devais la vie à la paix intérieure.

Je mentionnais régulièrement dans les conférences, l'importance qu'avait eu l'accord intérieur dans la réussite de mes entreprises. Bien sûr, en parlant de mon odyssée dans le Grand Nord, j'évoquais des conditions extrêmes. Mais la relativité des choses fait que cet extrême n'est pas une valeur fixe et que beaucoup le rencontrent dans la vie de tous les jours. En parlant de ma réalité intérieure, je rencontrais une préoccupation de tout un chacun.

J'ai toujours été surpris de constater combien on parle peu du dialogue intérieur. Pourtant, je suis convaincu qu'il existe en chacun de nous. Sans doute touche-t-il à ce que nous avons de plus secret. En parler ouvertement, c'est mettre son âme à nu. J'ai longtemps hésité à le faire. Dans mes livres précédents je n'ai qu'effleuré le sujet. Mais les commentaires reçus plus tard, par écrit et à la sortie des conférences, m'ont fait penser qu'il était utile de l'aborder franchement. Ce sont ces commentaires et les témoignages d'approbation qui m'ont fortifié dans la volonté de tenter, toujours et encore – au gré des événements –, de parfaire ma relation intérieure. En cela, le contact avec le public m'a beaucoup apporté et je lui en suis très reconnaissant. Par ailleurs, je suis certain d'avoir éveillé en d'autres le désir de mieux se connaître et quelquefois de mieux s'accepter. Le dialogue intérieur n'est pas toujours simple. Beaucoup ont pour eux-mêmes des exigences qu'ils ne peuvent pas remplir. L'harmonie, en vérité, ne peut se baser que sur une bonne connaissance de soi. Elle suppose que l'on accepte de ne pas être doué pour tout et que tous nous avons, à côté de qualités, des imperfections innées qu'il sera souvent impossible de complètement redresser. Si la fonction agissante doit être volontaire, la voix qui demande doit éviter de formuler des exigences qu'avec la meilleure volonté, l'autre ne peut rencontrer. Ne pas observer cette règle équivaut à créer une insatisfaction durable.

Dans mon esprit, ces propos ne sont étayés par aucune formation théorique. Je sais de la psychologie ce qu'une culture générale moyenne peut en savoir. Rien de plus. Je parle simplement de mon expérience personnelle et de ce qu'elle m'a donné à penser. J'ai essayé de trouver récemment dans des livres spécialisés comment se qualifie le dialogue intérieur mais, curieusement, je n'en ai pas trouvé trace. Il ne peut, évidemment, s'agir du moi et du sur-moi car ce dernier est hors du conscient et ne se manifeste donc pas ouvertement. La seule notion qui pourrait s'y rapporter est englobée dans le concept « réflexion ». Mais la réflexion est trop souvent confondue avec la méditation. Ce sont deux manifestations totalement différentes et parfois opposées. La réflexion peut se fixer sur un détail; la méditation, au contraire, ne fixe pas la pensée, elle la libère. Alors? C'est comme si la psychologie moderne ne s'intéressait pas au dialogue des fonctions conscientes. Pourtant, il me semble que tout passe par là. Comment d'ailleurs prendre un jour la décision d'affronter une psychanalyse si on ne s'est pas convaincu, en se raisonnant au préalable, de son utilité?

La saison des conférences ayant pris fin, je revins à Saint-Cyprien à la mi-mars. La côte a souvent un grand charme hors saison. L'espace et le silence compensent largement un moindre ensoleillement ou une brise un peu plus fraîche. Encore que pour un Flamand, la température hivernale sur le bord de mer languedocien n'ait rien de terrifiant. Une promenade le long de l'Yzer, dans le brouillard givrant d'un matin froid, consume bien plus de calories.

Arrivant à bord, je trouvai, à ma grande stupéfaction, le carré dans un désordre indescriptible. Le plancher était jonché de débris de papier, de cordages effilochés. La nappe de la table traînait dans un coin. « Des voleurs! » Mon sang ne fit qu'un tour. « Ah! les vandales. » Manifestement on s'était introduit à bord. Mais par où? J'avais trouvé le bateau fermé, les serrures intactes. Je commençais déjà à tempêter contre la délinquance, l'irrespect de la propriété d'autrui et la mansuétude de la justice, quand je m'aperçus en ouvrant une armoire, qu'une bouteille d'huile de table avait été percée. Le contenu en s'écoulant avait imprégné les boiseries et d'autres récipients qui étaient rangés à proximité. Le fond de la bouteille de plastique portait les traces d'une denture fine, acérée. Il n'y avait aucun doute : ce n'étaient pas des malandrins. Un rat était venu à bord! « Comment! cet infâme animal de malheur, vecteur de la peste!, ici à bord. Ah non! si je l'attrape celui-là, son compte est bon! »

En cherchant par où il était entré, je constatai avoir omis d'obturer le petit aérateur dont l'orifice est situé dans le plafond du carré. Examinant les parois lisses et vernies j'acquis la certitude que le rat n'avait pas pu ressortir. Il était donc encore toujours là, le damné animal! M'armant d'un bâton, j'étais décidé à le trucider sur-le-champ. Durant les recherches qui suivirent, je pus me rendre compte des importants dégâts commis par le rongeur : des coussins troués, des fils électriques coupés, des bouteilles éventrées : tout à bord portait les traces d'une denture apparemment solide et vorace.

Vu la somme de travail abattu, il devait être à bord depuis plusieurs jours déjà. Cette constatation et le fait de n'entendre aucun bruit me firent prendre conscience du navrant destin que fut celui de l'animal. N'ayant aucun accès au réservoir d'eau, il devait être mort de soif et, en effet, je trouvai le corps, sec, raide, appuyé contre la paroi intérieure de la lingerie. A l'aide d'une pince je le pris par la queue et, soulagé, le lançai par-dessus bord. Bientôt pourtant, un sentiment de compassion envahit mon esprit. Avec un peu de réflexion j'avais pu assez facilement reconstituer son séjour à bord. Démontrant sa joie pour avoir trouvé un logis, ma foi assez confortable, infatigable et enthousiaste, il s'était construit plusieurs nids avec des tissus réduits en lambeaux, des touffes d'étoffes rassemblées pour être bien au chaud.

Puis, la faim l'avait sans doute tiraillé. Ne trouvant rien de bien nourrissant à se mettre sous la dent, il avait écorné quelques moulures en teck, troué quelques boîtes en plastique et boulotté les fils reliant le lecteur à cassettes aux haut-parleurs. Tout naturellement, l'envie de boire lui était aussi venue. En trouant une bouteille contenant du vinaigre il put se désaltérer un peu, mais le liquide continuant à s'échapper coulait dans les fonds, hors de son atteinte. Il perça donc une autre bouteille, le complément de la première dans le monde des humains. Elle contenait de l'huile. Cela devait, hélas, hâter sa perte : dans les heures qui suivirent, le malheureux fut pris de coliques et d'une forte diarrhée. Il perdit beaucoup d'eau. Sa soif augmenta et il n'y avait plus rien à boire. Il essaya de ressortir. Par le trou béant et bien ouvert de l'aérateur il pouvait voir le ciel. La moindre brise lui amenait un peu d'air chargé des senteurs de la liberté. Le souffle passait exactement par là où il était entré et à chaque fois, il entendait distinctement le clapotis de l'eau accompagnant le vent du large. Cette eau et ce large dont il n'avait jamais consciemment joui : comme il le ferait maintenant! Ainsi, en plus de sa faim et de sa soif, il ressentait aussi le regret de ne pas avoir goûté complètement sa vie passée. Pauvre, celui qui n'a seulement conscience que de ce qui manque!

S'étant épuisé en sautant vers le plafond, le désespéré animal, complètement déshydraté, fut bientôt mourant. Dans un dernier effort de survie, il rongea tout ce qui lui tomba sous la dent. Comme je le comprends! Rien n'était trop dur, ni trop difficile à atteindre. Jusqu'à son dernier souffle, l'instinct de vie doit l'avoir motivé à mordre et à ronger. Personne ne saura exactement quels furent ses derniers instants. Mais tout ce que je pus constater démontre qu'il lutta jusqu'au bout : ne renâclant ni devant une porte à percer, ni devant un matelas à ouvrir. Aucune tâche ne doit lui avoir semblé au-dessus de ses – ultimes – forces.

Admirable nature, sa mort doit avoir été celle d'un battant. Et je me surpris à la regretter.

Le bateau étant parfaitement en ordre, je quittai Saint-Cyprien le premier mai, un vendredi! N'étant pas superstitieux je n'y avais pas prêté attention. Un coup de vent était annoncé dans le golfe du Lion pour le lendemain, mais je pensais gagner suffisamment dans l'ouest pour éviter la tourmente. Néanmoins les jours qui suivirent ne furent pas beaux. Nuages, pluie et bourrasques. Quelques jours plus tard j'entrais à Gibraltar pour faire le plein de fuel et prendre les derniers vivres frais à bord.

Je quittai le port une première fois le 14 mai, mais dus revenir. Un violent poniente – vent d'ouest – soufflait dans le détroit et ne me permettait pas de progresser en tirant des bords contre le courant. Pour éviter les formalités de douane, j'ancrai dans la rade et le vent s'étant calmé, je repris la mer le lendemain.

La traversée du détroit fut assez pénible. Le vent était nettement moins fort que la veille, mais il n'avait pas changé de direction pour autant. Louvoyer dans le trafic des bateaux de commerce demande beaucoup d'attention. Je ne sais si c'est une idée, mais il m'a semblé que sur le nombre de bateaux marchands rencontrés dans le détroit de Gibraltar, beaucoup sont moins attentifs aux règlements que dans la Manche : influence méditerranéenne sans doute. Au soir, je laissai les lumières du port de Tanger la Blanche à bâbord. J'y étais entré en 1972 par un violent coup de vent d'Est. Sur le quai – une jetée de béton lézardé –, plusieurs personnes nous faisaient signe (Michel Barbry m'accompagnait) que c'était bien près d'eux qu'il fallait amarrer. La jetée étant au vent et en travers de celui-ci, il fallait faire vite pour limiter la dérive quand le bateau viendrait se mettre parallèlement au quai. Apparemment les personnes stationnées près du poste d'amarrage en étaient conscientes, car c'est à qui attraperait le premier une amarre. Quelle gentillesse, me dis-je. Peu après, ils vinrent toucher leur salaire. Ne comprenant pas tout de suite, ils précisèrent : « Eh! c'est nous qui avons amarré le bateau, m'siou! »

La tolérance permet d'accepter les différences, elle ne demande pas de les partager. Malgré l'insistance des réclamations de payement, je restai poliment ferme et ne voulus pas rétribuer un service qui me semblait si naturel, autrement que par un chaleureux remerciement. Il s'ensuivit des palabres interminables. Déçu de cet accueil, j'eus envie de reprendre la mer aussitôt. Finalement, Michel étant fumeur distribua quelques paquets de cigarettes. Les colères s'apaisèrent et nous eûmes enfin la paix, mais le port de Tanger a toujours gardé dans mon esprit une connotation désagréable. Je n'y serais pas volontiers revenu.

Durant la nuit, sortant du détroit, je manquai de peu une collision avec un grand navire faisant route perpendiculairement à l'axe du détroit et venant sur ma gauche. J'observais ses feux depuis un long moment déjà, attendant qu'il change son cap pour passer derrière moi. Je naviguai au près, bâbord amures, serrant le vent tant que je pouvais. Nous étions arrivés très près l'un de l'autre. Inquiet, j'allumai les feux de pont et éclairai les voiles. Au lieu de changer de route, il fit battre ses machines en arrière et stoppa à quelques mètres de mon étrave. J'avais entre-temps mis le bateau dans le vent, mais il avait loffé et le hâle-bas de la grand-voile maintenait celle-ci à contre. Je n'étais plus manœuvrant et, poussé par le vent, l'énorme cargo dériva sur moi. Sans perdre de temps, je mis le moteur en route. Le bateau repassa lc lit du vent et vira de 180 °, le beaupré frôlant l'énorme muraille à quelques centimètres.

Depuis que je navigue, je n'avais jamais autant risqué la collision. Heureusement que j'assurais la veille, sans ma manœuvre la collision eût été inévitable. Le cargo se remit en route. Dans les reflets de son feu blanc, je vis les remous de son hélice perturbant mon propre sillage. Il avait été moins une.

Obligé par le vent d'ouest, je tirais un long bord au nord-

nord-ouest, un peu comme si la traversée réelle allait se faire à partir de la baie de Cadiz. Magellan avait pris là le large depuis Sanlúcar de Barrameda, une petite ville à l'embouchure du Rio Guadalquivir. Son voyage, un des plus prestigieux accomplissements jamais réalisés sur mer, devait être un des principaux sujets du film documentaire sur la découverte de l'Amérique du Sud que je comptais tourner à partir du Rio de la Plata en allant vers le sud. Au fur et à mesure de ma progression dans le sillage de Magellan, mais aussi de ceux qui sont venus après lui, je comptais filmer les lieux où l'histoire s'était écrite. Je poursuivais un double but : montrer par les images l'immense beauté de ces régions du bout du monde que sont la Patagonie, la Terre de Feu et l'extrême sud chilien et d'autre part, par la narration des péripéties de la découverte, structurer les images par un récit cohérent et d'une rigoureuse valeur documentaire. J'avais beaucoup étudié les différents voyages d'exploration et également les moyens de navigation dont disposaient les marins de l'époque.

Au fil de ma progression dans la connaissance, j'eus une envie grandissante de parler de cette marine ancienne et des caravelles – bateaux peu connus, mais surtout méconnus – qui nous ont fait découvrir le monde. C'est comme cela qu'a germé dans mon esprit l'idée, non seulement de faire ce film documentaire, mais aussi de le vivre, du moins dans sa réalité géographique et climatique.

Comme je voulais me limiter à la découverte de l'extrême sud, les voyages de Pedro Alvares Cabral, qui repéra la côte du Brésil, et de Juan Diaz de Solis, premier Européen à entrer dans le Rio de la Plata, pour intéressants qu'ils soient, n'entraient pas vraiment dans le cadre de mon plan de travail. Néanmoins, comme à cette époque ces expéditions fixèrent les limites des connaissances géographiques de l'Amérique australe, je ne pourrai me passer de faire, là où cela paraîtra nécessaire, référence à leurs expériences.

Si avec Christophe Colomb commença l'ère des grandes découvertes, avec Magellan elle atteignit son apogée maritime. Sa flotte se composa de cinq navires :

la *Trinidad*, navire amiral, 100 tonnes,
la *San Antonio*, 120 tonnes,
la *Concepción*, 90 tonnes,
la *Victoria*, 85 tonnes,
la *Santiago*, 75 tonnes.

Les navires prirent la mer le 20 septembre 1519. Aucun tableau ou dessin ne nous permet d'avoir une idée précise de l'aspect de cette flotte connue sous le nom officiel de « Armada de Molucca ».

Tout comme Magellan, mais plus de quatre cents ans plus tard, je me trouvai donc ce matin du 16 mai 1987, au large de Sanlúcar de Barrameda, en route vers l'Amérique du Sud. En notant dans le journal de bord la position que je venais de lire sur l'écran du système de navigation par satellites, je n'avais pas manqué de faire le parallèle entre nos moyens de navigation respectifs.

Avant que la caravelle, premier navire à pouvoir facilement remonter au vent, ait permis aux navigateurs portugais et espagnols de s'aventurer de plus en plus loin vers le sud, le marin de l'Europe occidentale ne connaissait que l'étoile polaire comme astre de navigation. On peut dès lors comprendre le désarroi des capitaines et des pilotes lorsque, à l'approche de l'équateur, leur unique guide resta en dessous de l'horizon.

Ainsi, se déclara subitement un besoin urgent de concevoir d'autres moyens de navigation. Sous l'impulsion du prince Henri le Navigateur, au Portugal et plus tard de la Casa de Contratación, en Espagne, les astronomes et géographes de l'époque entreprirent un travail de recherche considérable pour doter les navigateurs d'autres données astronomiques et de meilleures cartes marines.

C'est ainsi que vers 1505, des tables donnant la déclinaison solaire étaient disponibles. Parallèlement, les instruments permettant de mesurer la hauteur des astres furent perfectionnés.

Magellan était un précurseur. Sa technique était en avance sur son temps. Grâce à Antonio Pigafetta, qui était le scribe du voyage, nous savons que Magellan employait un compas dont la rose était divisée en 360 °. C'est tout à fait exceptionnel pour l'époque et il a fallu attendre le XXe siècle pour que la méthode se généralise. Dans les cours de la Ligue maritime belge, le professeur Charlier enseignait encore au début des années 1960 l'usage du compas quadrantal.

Nous savons aussi que Magellan, contrairement à beaucoup de ses contemporains, était convaincu de l'existence d'une déviation magnétique. Il la contrôlait sachant qu'à midi la direction du soleil marque exactement le sud – ou le nord si l'observateur se trouve au sud de la déclinaison solaire. L'écart observé était considéré comme étant la déclinaison magnétique. Ceci n'est pas tout à fait exact car l'écart englobe aussi la variation magnétique due aux métaux ferreux utilisés à bord. Mais dans la pratique, cette distinction n'était pas importante.

Pour la première fois aussi, les pilotes à bord des navires de sa flotte furent poussés à faire des calculs de longitude.

Le grand problème à cette époque consistait à connaître l'heure exacte, élément nécessaire dans ces calculs. Le chronomètre n'était pas encore inventé et l'heure à bord était conservée à l'aide de sabliers mesurant en général une demi-heure. Les pages ou les hommes de quart étaient chargés de les retourner en temps opportun. Comme la durée des quarts correspondait à huit sabliers, il arrivait que pour hâter la relève, les sabliers étaient retournés, à l'insu du pilote, avant l'écoulement complet du sable. L'heure exacte se perdait donc très facilement et, avec elle, une possibilité de mieux connaître la longitude.

Toutefois, au début du XVe siècle, les pilotes n'avaient guère navigué autrement qu'à l'estime. Les plus évolués se risquaient à préciser la latitude en observant la hauteur de l'étoile polaire, mais les calculs compliqués pour connaître la longitude les rebutaient.

En réalité, ces nouvelles exigences bousculaient une longue tradition et la majeure partie des pilotes n'étaient guère motivés à faire l'effort indispensable pour maîtriser cette méthode complémentaire mais beaucoup plus compliquée à résoudre que l'observation d'une hauteur méridienne de l'étoile polaire ou du soleil. Cette technique était, elle aussi, du moins pour le soleil, d'un usage encore très récent du temps de Magellan.

Le passage d'un astre au méridien de l'observateur s'accomplit quand l'astre est au plus haut de sa course diurne. Pour le soleil, l'instant de sa culmination coïncide avec le midi vrai du lieu. En comparant l'heure exacte de la culmination avec celle d'une observation antérieure, on peut théoriquement connaître le déplacement en longitude intervenu entre les deux observations, mais il faut alors pouvoir très exactement définir les coordonnées du soleil et l'instant de la culmination. Les tables et instruments de l'époque ne le permettaient pas facilement.

Néanmoins, Magellan tenait à ce que ses pilotes fassent un effort pour assimiler de nouvelles techniques et arrivent à évaluer plus exactement la longitude. Malheureusement, l'imprécision dans la mesure du temps se traduisait par des erreurs importantes ce qui nourrissait l'aversion des pilotes pour cette nouvelle méthode.

Par contre, l'heure n'intervient pas dans le calcul de la latitude par hauteur méridienne. Grâce aux tables dont ils disposaient, Magellan et ses contemporains pouvaient donc, à défaut de mieux, définir, du moins approximativement, la latitude de leur navire.

La méridienne est toujours en usage aujourd'hui. C'est une observation simple, facile à comprendre et elle ne demande pas de calculs compliqués.

Je fus très surpris d'apprendre que les principes de navigation élaborés au XVIe siècle furent d'actualité jusque vers les années 1920. Ils connurent de nombreuses améliorations, mais pratiquement pas d'ajouts fondamentaux. Les aides électroniques ont depuis lors beaucoup enrichi les techniques de navigation : le top horaire par radio, par exemple, pour ne citer que ce service qui nous est si familier aujourd'hui, bouleversa beaucoup d'habitudes.

De nos jours, la hauteur des astres se mesure au sextant. Malgré mon Satnav, je l'emploie régulièrement. J'ai toujours aimé faire le point. La navigation par satellites est facile. Mais la facilité n'apporte pas toujours du plaisir. Souvent elle vous place dans un rôle passif.

Par ailleurs le sextant est un instrument versatile, très utile en navigation côtière où les angles verticaux ou complémentaires donnent des points d'une très grande précision et placent le bateau parfaitement par rapport à la terre. En vue d'une côte, la position du navire devrait toujours être définie par rapport à elle. Dans les régions polaires ou, plus généralement, chaque fois qu'il est à craindre que les terres ne soient pas cartographiées suivant leurs coordonnées géographiques exactes, cette règle doit être considérée comme une obligation absolue.

Magellan qui naviguait avec une des premières cartes-portulans comportant une échelle de latitudes (voir annexe) aurait certes été bien heureux d'avoir un sextant. Mais cet instrument très précis n'existait pas au XVIe siècle. Deux précurseurs étaient en vogue à l'époque : l'astrolabe et le quadrant. Ni l'un, ni l'autre étaient d'un emploi facile à bord. Un poids suspendu librement établissait la verticale qui servait de référence à la mesure, mais le moindre mouvement du bateau faisait balancer le poids et faussait l'observation. Dans l'emploi du sextant c'est la visée de l'horizon qui établit la mesure de référence. C'est une donnée beaucoup plus stable. En général l'astrolabe et le quadrant s'employaient à terre, lors des escales. En mer, on naviguait principalement à l'estime, se référant à la dernière position calculée. Magellan ne disposait d'aucun instrument pour mesurer la distance parcourue. Le loch ne fut pas connu avant 1575. La vitesse du bateau s'estimait au juger.

Le plus grand problème qui se posait aux marins du XVIe siècle, j'en ai parlé plus haut, était l'absence d'un instrument permettant une plus exacte mesure du temps. Le chronomètre ne fut inventé qu'en 1750 et, en 1833, la marine royale française ne disposait encore que de quarante-quatre chronomètres pour deux cent cinquante navires. C'est dire que les *ampolletas* ou « horloges de sable », telles qu'étaient appelés les sabliers, furent de tous les grands voyages de découvertes.

En résumé, seule la mer est restée ce qu'elle était au XVIe siècle. Pour le reste, si les principes de navigation ont peu évolué, la façon et les moyens de les mettre en œuvre sont aujourd'hui incomparablement plus faciles et fiables. Si, de plus, on tient compte des différences concernant les croyances de l'époque, de la vie à bord et de la diététique, toute comparaison, sur un plan général, entre une traversée au XVIe siècle et une traversée identique réalisée de nos jours, devient totalement aléatoire.

Au cours de la nuit du 21 au 22 mai, je me trouvai entre les îles de Gran Canaria et Tenerife. Le vent favorable du nord-ouest était devenu moins stable et la houle du large avait perdu sa régularité. La mer devenant bientôt cahoteuse, je fus content de dépasser les îles et de mettre le cap au 208 vers l'archipel du Cap-Vert. Les Canaries sont un premier jalon sur la route. Magellan y avait fait escale, mais il avait certainement besoin d'embarquer des vivres frais, ce qui n'était pas mon cas. Pour moi, aucune relâche n'était prévue avant Buenos Aires.

Le lundi 25 mai, je vis, par 24° nord et 19° 50′ ouest, le premier poisson volant de la traversée. Les vents d'alizés ne devaient plus être très loin. Ils étaient tout naturellement peu établis en cette saison. En fait ce n'était pas une bonne époque pour se rendre en Amérique du Sud. Peu de vent dans l'hémisphère nord, Pot-au-Noir, en conséquence, large, bourrasques et conditions hivernales dans l'hémisphère sud. Toutefois, je n'avais pas le choix. Je devais arriver le plus vite possible à Buenos Aires pour avoir le temps de réviser entièrement le bateau avant d'entamer la descente vers le sud. Le courant des Malouines, remontant la côte d'Amérique du Sud, est particulièrement fort en juin et en juillet. Je le rencontrai à hauteur du cap Sao Thomé sur la côte brésilienne. Il me retarda beaucoup dans les vents contraires et c'est fatigué de tirer des bords carrés que j'atteignis les approches du Rio de la Plata. Je fis une courte escale dans le petit port de La Paloma sur la côte uruguayenne pour dormir une nuit tranquille. Puis je mis le cap sur Buenos Aires.

L'Argentine, en cette année 1987, adaptait son système de balisage aux normes I.A.L.A. Dans ces normes la bouée verte est une bouée qui marque le côté droit d'un chenal menant au port. C'est donc une balise sécurisante. Dans l'ancien système, la bouée verte balisait une épave, donc un danger. Comme rien n'est rapide en Amérique du Sud une grande part des bouées anciennes étaient toujours en service et côtoyaient sans aucune transition apparente les bouées appartenant aux nouvelles normes. De plus, un grand nombre de bouées en voie de changemcnt avaient été relevées et brillaient par leur absence. Les pilotes du Rio suivaient vraisemblablement l'avancement des remplacements mais pour le navigateur étranger, la remontée vers Buenos Aires s'apparente au cauchemar. Quel soulagement, lorsque vers minuit, en dépit du balisage défectueux et des milliers de lumières de la ville, je m'amarrai sain et sauf dans la darse nord du port de Buenos Aires. Deux jours plus tard, se déclarait la hernie, alors que je prenais la bouée d'amarrage à San Fernando.

Dès l'arrivée à Buenos Aires, je retrouvai avec joie mon ami Emilio Van Peborgh et sa famille. J'avais rencontré Emilio une première fois en 1972, au début d'un tour du monde. Après nous être serré la main et avoir échangé quelques paroles, les atomes crochus nous avaient unis et Emilio devint rapidement Mito. Dans un livre précédent, je l'avais décrit comme un homme chaleureux et d'une très grande droiture. Je ne puis que confirmer ce que j'écrivis alors. J'ajouterais aujourd'hui que cet homme, qui n'a vraiment rien d'un militaire, avait été ministre de la Défense dans un des derniers gouvernements argentins des années 1960. Il avait été choisi, non pas comme politicien, mais comme spécialiste gestionnaire de grandes entreprises et, ce n'est pas seulement propre à l'Argentine, les budgets de défense qui sont souvent importants, méritent d'être bien administrés. A cause de l'instabilité politique de l'époque et des nombreux enlèvements suivis de violences et demandes de rançon, Mito avait dû accepter la présence constante d'un garde du corps.

Celui-ci montait le premier à bord, vérifiait si aucune présence suspecte ne menaçait son protégé, puis nous laissait converser en tête à tête, surveillant les allées et venues depuis un canot, prêt à intervenir le cas échéant. Quand, après avoir passé un moment à bord, Emilio désirait repartir, il appelait son garde du corps en sifflant, les doigts dans la bouche. Ma mère, vigilante à sauvegarder les apparences extérieures, m'avait inculqué, étant enfant, que seuls les voyous sifflent de cette façon. J'étais donc surpris et interloqué de voir mon ami ministre adopter de si mauvaises manières. Le connaissant mieux, je constatai plus tard qu'Emilio témoignait d'une excellente éducation. Ce petit fait, apparemment sans grande conséquence, me fit penser que la notion du bien et du mal est bien trop importante pour être mêlée à des riens qui ne font du mal à personne. Elle ne devrait pas pouvoir se diluer dans la relativité des coutumes, mais se maintenir avec quelques règles essentielles, comme la donnée forte et fondamentale d'une conscience universelle.

Comme ce fut le cas au cours de voyages précédents, Mito venait régulièrement s'enquérir de mes besoins. Souvent je prenais le repas du soir chez lui en famille. Un jour je ressentis une violente douleur à l'aine : l'intervention chirurgicale s'avérait indispensable.

Dans le même temps, Tite, un ami chilien de Valdivia, exprima le désir de venir passer quelques jours à bord. Je le reçus avec une très grande joie. En 1973, j'avais fait escale à Valdivia, une petite ville bâtie en bordure d'un fleuve dont les eaux se déversent dans la baie de Coral, par quelque 40° sud. Mon arrivée coïncidait avec une période troublée au Chili. Le pays se débattait dans une économie vacillante. Les magasins étaient vides, la monnaie sans valeur. Il y avait peu de travail. Ce qui se vendait encore était irremplaçable. Ma venue offrait aux membres du petit yacht club un dérivatif et tout normalement, quand l'espérance ne nourrit plus l'avenir, on cherche à tuer le temps en prenant des loisirs. Depuis la visite de Marcel Bardiaux, vingt et un ans auparavant, aucun navire de plaisance étranger n'avait relâché à Valdivia. Mon arrivée était un événement propice à être fêté. La fête dura un mois et lorsque je décidai finalement de partir, il me semblait avoir à acquitter une grande dette de reconnaissance. La chaleur extraordinaire de l'accueil, l'amitié spontanée, les *montones de cariño* et autres *fuertes abrazos* m'avaient réellement ému. N'ayant rien d'autre à offrir en échange de cette généreuse hospitalité, j'invitai deux membres du club à m'accompagner jusqu'au Pérou. C'est ainsi que Eberhard et Tite vinrent à bord. Mes compagnons ayant des amis partout, notre navigation très plaisante fut entrecoupée de nombreuses escales mémorables. Eberhard, jeune chirurgien, n'avait pas obtenu l'autorisation de sortir du pays et nous quitta, avec les regrets unanimes, à Arica. Tite m'accompagna au Pérou. Quelques semaines plus tard, à Lima, nous apprenions les événements qui mirent fin au régime du président Allende et Tite, tout naturellement, désira rentrer pour se rendre compte de la situation dans son pays. Nous avions vécu ensemble une page de notre vie. Tout avait concouru pour la rendre exceptionnelle : la très belle navigation, le pittoresque des rencontres d'escales, l'amitié, le vécu d'événements historiques. Eberhard et Tite n'oublieront jamais et moi non plus. Trois vies se sont rencontrées à un carrefour sans feux rouges. Quelque part dans la mémoire, nous étions devenu des frères. Depuis, au gré de mes pérégrinations, nous nous sommes revus plusieurs fois. Ce fut toujours une fête.

En allant accueillir Tite à l'aéroport, le plaisir de le revoir me fit oublier un peu mes soucis de santé. Je savais que l'opération était indispensable, mais j'hésitais sur le lieu où elle devait se faire. Retourner en Belgique était une alternative possible mais coûteuse. Tout naturellement mon choix se porta sur le Chili. J'avais entièrement confiance en Eberhard et aucune appréhension de me trouver isolé. Mis au courant, Tite me proposa immédiatement de passer le temps nécessaire chez lui, en famille. Nous n'avions qu'à retourner ensemble au terme des quelques jours qu'il comptait passer à bord. Ainsi fut fait.

1

Buenos Aires, octobre 1987

Le 17 septembre, revenant requinqué de Valdivia, je pouvais enfin ordonner les travaux d'entretien indispensables. Le bateau devait être entièrement revu, repeint et doté de nouvelles voiles. L'opération et la convalescence m'ayant fait perdre plusieurs semaines, je me vis obligé, pour terminer les travaux à temps, de faire appel aux différents corps de métiers installés dans l'enceinte du yacht-club et, par voie de conséquence, à mon portefeuille qui bientôt ne sera plus qu'une peau de chagrin...

J'avais prévu, pour introduire des images de vie dans mon documentaire, de filmer au cours de ma route vers le sud, les baleines qui viennent régulièrement – vers les mois de septembre et octobre – rechercher les eaux moins froides des golfes de la péninsule Valdes, en attendant que leur jeune baleineau se fasse suffisamment de lard pour affronter les eaux glacées de l'Antarctique. Toutefois *Williwaw* n'étant pas prêt, je crus devoir renoncer à cette opportunité quand Mito vint me proposer de rejoindre la péninsule Valdes dans sa voiture. Nous partirions dès les premiers jours d'octobre. Entre-temps, Mito prendrait contact avec l'office du tourisme pour obtenir les autorisations permettant de filmer dans les zones réservées.

Comme j'avais employé plus de pellicule que prévu en filmant les bourrasques du Pot-au-Noir, terreur des marins contemporains de Magellan et dont l'effet psychologique avait manqué de provoquer une première mutinerie dans sa flotte, j'avais eu besoin de me réapprovisionner en Belgique. En voulant éviter, à la fois, que les films passent sous les rayons à l'embarquement à l'aéroport de Bruxelles et soient retenus par des formalités de douane interminables à l'arrivée à Buenos Aires, j'avais fait appel à l'amitié et aux ressources de Jean Sommerhausen, l'ambassadeur de Belgique à Montevideo, pour que les films soient acheminés par bateau depuis Anvers. Un coup de fil m'apprenait un matin que le *Jordaens* de la Compagnie maritime belge venait d'entrer au port. Ann, l'épouse de Jean, m'attendrait à l'aéroport de Montevideo. Autres retrouvailles, autres accolades, autres souvenirs. Les films étaient arrivés, mais une partie des ouvriers du port faisaient grève. On n'ouvrirait pas le container avant quelques jours. Jean usa de tous les pouvoirs dus à sa charge, mais aussi de toute sa diplomatie pour obtenir l'ouverture du container enfermant les envois destinés à l'ambassade. Finalement, après avoir passé quelques jours agréables en compagnie d'Ann et de Jean, Son Excellence retrouva sa valise et moi ma pellicule et l'avion qui me ramena à Buenos Aires.

Le lendemain, nous étions en route vers la péninsule Valdes. 1 500 kilomètres à parcourir : « un saut de puce » dit Mito. Éternelle relativité : comment parler le même langage alors que pour l'un, 1 500 kilomètres représentent à peine la traversée d'une province et pour l'autre cinq fois celle de son pays entier. Chacun devait prendre le volant durant deux heures. On dormirait à Bahia Blanca, à mi-chemin, plutôt plus, ce qui ne nous ferait pas arriver trop tard à destination.

Nous comptions rester une dizaine de jours à Puerto Piramides d'où nous pouvions rayonner vers les différentes réserves : les éléphants de mer à Punta Norte, les pingouins à Punta Tombo.

Je ne compte pas relater par le menu notre séjour en Patagonie argentine. Je voudrais simplement mentionner que j'eus le plaisir de mieux connaître Graham Harris et sa famille, brièvement entrevus chez des amis communs à Buenos Aires. Graham, jeune vétérinaire, et son épouse se sont entièrement consacrés à l'étude et à la protection de la faune. Pour eux, ce n'est pas une vocation sans aléas. Habitant à pied d'œuvre une rustique demeure complètement isolée en bordure d'une plage, face au golfe de San José, ils vivent seuls à cent kilomètres de la société organisée. L'eau potable leur vient du ciel les jours de pluie; le courant, d'un petit groupe électrogène destiné au fonctionnement de l'ordinateur qui récolte leurs informations. La flamme jaune d'une lampe à pétrole éclaire les longues soirées d'hiver.

Néanmoins, et c'est remarquable, Graham et sa famille ne portent sur eux aucune trace de leur confort précaire. Impeccablement vêtus, les deux adorables enfants témoignent d'une éducation soignée à laquelle l'exemple donné par les parents confère une grâce naturelle.

Je remarque en passant qu'en général les enfants sont de moins en moins éduqués. Une théorie, peu crédible à mon avis, prétend que l'enfant doit se développer en dehors des contraintes et chercher sa voie lui-même. Je crois, au contraire, que les parents ont le devoir de les guider jeunes, afin d'éviter que chaque génération commette les mêmes erreurs et puisse contribuer à une progression, en bâtissant sa propre expérience au départ de celle acquise par la génération précédente.

Comme c'est hélas assez souvent le cas dans le monde de la science et plus spécialement dans la branche qui concerne la préservation de la nature, le travail n'est guère rémunéré. Dans la majeure partie des cas le scientifique dépend de subsides alloués par l'une ou l'autre fondation. Ses rentrées sont instables et, circonstance défavorable, il doit généralement insister pour être soutenu. Les publications ne s'adressent qu'à un petit nombre; écrire n'est pas rentable. Cette situation est regrettable. Je n'ai rien contre le sportif qui gagne des fortunes en courant après une balle. Il profite d'une opportunité et a bien raison de le faire. En vérité, c'est la société qui manque de maturité. Elle n'a pas pu établir une échelle de valeurs cohérente et ne fait pas face aux devoirs qui concernent sa propre pérennité.

Heureusement, Graham dessine admirablement et prépare la publication d'un ouvrage magnifiquement illustré sur la faune patagone. La baleine franche en fait partie et depuis quelques années Graham Harris, en dehors de ses études plus générales, collabore utilement avec l'équipe scientifique de Roger Payne, le grand spécialiste américain des cétacés.

Mon but n'était pas de faire un documentaire sur les baleines, mais simplement d'en filmer quelques-unes telles que Magellan les avait rencontrées et certainement en plus grand nombre – Drake parle de milliers –, mais cela m'intéressait d'en apprendre plus sur ce sujet. Et en parlant avec Graham et son épouse, ce fut facile et combien sympathique. Je voudrais les remercier sincèrement de m'avoir parlé avec tant de cœur de leur idéal et de le poursuivre, malgré les difficultés, avec autant de persévérance...

Je n'eus pas beaucoup de chance en ce qui concerne les prises de vues. Les conditions climatiques n'étaient pas très favorables. Le canot que nous avions loué pour suivre les baleines était très secoué par une mer chaque fois bien houleuse. La stabilité de l'image était difficile à maintenir. Et puis, la majeure partie de la baleine est immergée; ne voir qu'une petite partie du dos n'offre pas grand intérêt. Il aurait fallu plonger, mais je n'étais pas équipé pour des prises de vues sous-marines. Afin d'essayer de montrer quand même une baleine en entier, je louai finalement un avion. Hélas, plus tard, au développement, la baleine apparut tel un petit poisson dans un étang. Vue du ciel, l'immensité de la mer avait fait perdre à l'image tout critère de mesure. J'eusse aussi bien fait de filmer quelques poissons rouges dans un bocal.

En bref, l'expédition à la péninsule Valdes ne fut pas un succès du point de vue cinématographique. Toutefois, elle fut intéressante par son caractère didactique et agréable par la présence de Mito. De plus, ce fut une excellente convalescence et en revenant à San Fernando, je ne pensais plus guère à l'opération dans l'aine. Néanmoins, nous avions couvert près de 6 000 kilomètres pour à peine quelques images utilisables. Malgré les côtés positifs de notre voyage, je n'étais pas très content de moi. Je réalisai qu'après avoir quitté la Belgique depuis très longtemps, je n'avais encore pratiquement rien accompli sur le plan très concret de l'autofinancement de la présente expédition.

2

Mar del Plata, novembre 1987

C'est donc avec une détermination renouvelée que j'abordai la mise en état du bateau. Les peintres avaient bien progressé dans leur travail de préparation. Pratiquement tout était poncé et passé à l'anti-oxyde. Restaient les couches de finition. Les voiles étaient prêtes à être hissées. Au dernier moment je décidai de placer un enrouleur de foc sur l'étai avant. Un article écrit par Jeanteau sur son expérience dans la course autour du monde avait emporté mes ultimes hésitations. Malheureusement, la marque des enrouleurs dont il était équipé n'était pas importée en Argentine et je dus faire confiance à Hood.

Finalement *Williwaw* fut fin prêt et je larguai les amarres.

L'escale à San Fernando avait comblé tous mes désirs et je suis reconnaissant au Yacht-Club Argentino pour son bon accueil. Plusieurs membres vinrent encore à la dernière minute déposer un carton de bière ou quelques bouteilles de vin à bord. Ils ne se doutaient vraisemblablement pas du grand plaisir qu'ils me faisaient, car au-delà du cadeau concret et du geste amical, ils me montraient qu'ils approuvaient mon travail. Ma décision en fut stimulée et ils m'aidaient ainsi à surmonter les jours moins faciles. Je les en remercie.

Au cours de la descente du Rio de la Plata, je constatai avec effroi que la fuite d'huile dans le circuit de gouverne s'était à nouveau déclarée. La perte avait pris immédiatement un niveau important et malgré les vingt litres d'huile en réserve je me demandais si j'allais pouvoir atteindre Mar del Plata, premier port sur ma route vers le sud. Je cherchai partout pour localiser la fuite mais dans un premier temps je ne parvins pas à la trouver. C'était pratiquement incompréhensible : une fuite aussi importante! Elle devait pouvoir se voir. Inlassablement, repassant vingt fois à la même place, je continuai à chercher et finalement je tombai dessus. Un tuyau devait avoir été abîmé par les vibrations à l'endroit où il traverse une paroi dans la cale des machines. L'huile s'écoulait directement dans la sentine en dessous du moteur, d'où elle était évacuée avec l'eau que laisse entrer le presse-étoupe de l'étambot. C'était pratiquement invisible et il m'avait fallu un peu de chance pour m'en rendre compte. Je ne pouvais pas réparer la perte d'huile en naviguant, mais au port ce ne serait pas difficile.

Dormant après une journée harassante, je me réjouissais encore d'avoir enfin localisé la fuite, lorsque le bateau prit subitement une gîte importante. Le vent s'était levé brutalement et soufflait dur dès la première rafale. D'un bond je fus sur le pont, affalai la voile d'artimon et lâchai l'écoute du foc, tout en tirant sur le bout de l'enrouleur. Mais à mon grand désarroi la voile ne s'enroula pas, bien que le bout connecté au tambour fût venu normalement. Je fus obligé de resserrer l'écoute de foc pour l'empêcher de se détruire en faséyant car, entre-temps, le vent s'était mis à souffler en coup de vent.

Manifestement, le bateau portait trop de toile, je devais absolument arriver à rentrer le foc. Mais comment? Il ne s'enroulait pas! Affaler était impossible : la ralingue serrait fort dans la gorge de l'enrouleur et j'avais beau m'y accrocher de tout mon poids, la voile ne descendait pas.

Ayant pris le vent un peu plus de l'arrière pour que le foc soit en partie masqué par la grand-voile et supporte moins de tensions, j'étais revenu à l'avant, armé d'une torche, voir ce qui s'était produit. Ce ne fut pas difficile à comprendre : vraisemblablement imparfaitement bloquées au départ, les vis qui fixent le tambour à la partie de l'enrouleur enserrant la voile, étaient passées par-dessus bord. En rentrant le bout qui commande l'enroulement de la voile, j'avais vidé le tambour sans qu'il put encore entraîner le foc dans sa rotation.

Une solution immédiate s'imposa : je devais pouvoir rentrer le foc. Comme il restait trois vis dans le haut du manchon, je pouvais en enlever une pour bloquer le bas, mais avant, il fallait regarnir le tambour d'une longueur de bout suffisante pour pouvoir enrouler la voile. Malgré le vent arrière, recroquevillé sur le beaupré, en équilibre instable un tournevis dans une main et la torche dans l'autre, j'étais trempé jusqu'aux os. J'en voulais à celui qui m'avait monté l'enrouleur. J'aurais aimé qu'il soit là, en ce moment précis, témoin des suites de sa négligence. Après avoir été nerveusement très tendu pour ne commettre aucune fausse manœuvre dans l'obscurité et ne perdre aucune vis supplémentaire, la voile put enfin être rentrée. « Demain, je chercherai à remplacer les vis manquantes », pensais-je.

Et le lendemain, de jour cette fois, je me trouvais à nouveau sur le beaupré et constatai, avec dépit, la faible dimension des six vis qui fixent le manchon. D'un diamètre de 3/16 de pouce (4,75 millimètres), prenant tout au plus quelques filets taillés dans un aluminium trop tendre, elles ne peuvent résister aux chocs produits par l'inertie d'une voile de forte toile faséyant aux changements de bord. C'est une erreur de conception manifeste.

Quoi qu'il en soit, il fallait réparer d'urgence. Bien fourni en pas millimétrique, je doutais de trouver à bord des vis usinées aux normes américaines. Mais la chance me sourit et je découvris quelques vis, qui, après avoir été raccourcies à la bonne longueur, feraient l'affaire. Le tout ayant finalement été bien bloqué, une bande adhésive faisant le tour du manchot pour éviter que les vis puissent encore se perdre, je crus l'affaire résolue.

Au soir, la longue jetée du port de Mar del Plata se dessina devant l'étrave. Je me réjouissais d'y revenir et de retrouver Manuel et Anne-Marie, parmi d'autres amis qui avaient, à chaque fois, rendu l'escale de Mar del Plata fort agréable. Il était déjà trop tard dans la journée pour espérer voir Gino, le contremaître du yacht-club, venir à ma rencontre, tel qu'il aimait le faire. J'attendis donc le lendemain, pour entrer dans la petite darse réservée à la plaisance et passai la nuit ancré à proximité de l'étroit pont tournant qui lui donne accès.

En coupant le courant du radar qui m'avait assisté dans la rentrée du port, je remarquai avec ennui qu'il ne fonctionnait plus. A nouveau du travail en plus!

Dès le matin suivant, je guettai tôt l'arrivée de Gino. De l'endroit où j'étais ancré je pouvais voir le haut de la porte du hangar où il a son vestiaire. Vers huit heures et demie, je remarquai que la porte avait été ouverte. Gino devait être arrivé et, en effet, quelques minutes plus tard, je le vis venir vers moi, debout dans la barque, accompagné de deux jeunes qui allaient aider à la manœuvre. Une chaleureuse accolade, des mots de bienvenue, une émotion à peine cachée. J'étais tranquillisé : Gino avait parfaitement supporté les années écoulées depuis notre dernière rencontre. J'ai déjà eu l'occasion de dire dans d'autres écrits combien j'appréhende de retrouver des amis, alors que des années nous ont séparés. La vie est parfois bien cruelle et il m'est arrivé de retrouver ceux que j'avais quittés en pleine forme, malades et diminués. Quelle tristesse, ces rencontres où le bonheur des retrouvailles s'efface devant la souffrance d'un être cher. Mon Dieu, combien j'espère que les rides que l'âge creuse dans mon visage ne fassent mal à personne. Combien j'espère que ceux qui me portent amitié, puissent s'épargner cette tristesse et se convaincre du fait que j'accepte sereinement mon futur. Seul les revers évitables peuvent me rendre malheureux. Pas ceux qu'engendre la fatalité. Je les conçois et les accepte comme étant inhérents à la vie quc j'ai été, et suis toujours, heureux de vivre.

Le lendemain de mon arrivée à Mar del Plata, je retrouvai aussi Manuel et Anne-Marie toujours pareils à eux-mêmes. Dix ans de vie commune n'ont apparemment pas entamé leur joie de vivre ensemble. Cela me fait chaud au cœur : la constance est une qualité, tout ne doit pas nécessairement lasser, passer, ou casser.

Les rencontres d'escales sont bien particulières : c'est d'abord qu'elles sont forcément limitées dans le temps. Si les cœurs ne s'ouvrent pas spontanément, elles n'ont pas de suites. Mais normalement, les prémices se déroulent dans un climat favorable : celui qui vient de la mer, où il était isolé, retrouve souvent avec plaisir une chaleur amicale, et celui, ou celle, qui vient vers lui, marque pour le moins l'intérêt de faire connaissance. La première rencontre est, en général, potentiellement favorable. Si les atomes crochus s'accordent, naît la sympathie. L'amitié, peut venir rapidement mais, pour moi, elle est, malgré l'ouverture du cœur, beaucoup plus sélective et demande une plus longue convivialité. La disponibilité pose parfois problème : l'entretien du bateau laisse rarement beaucoup de temps libre. Ainsi, je ne me suis jamais trop dispersé. Mito et sa famille à Buenos Aires remplissent, avec beaucoup de bonheur, le temps disponible. Anne-Marie et Manuel à Mar del Plata, de même. Souvent, d'autres personnes, bien intentionnées, aimeraient s'introduire dans le cercle, mais ce serait au détriment des amitiés établies et mènerait forcément à des déceptions. Ce n'est pas toujours bien compris, ni bien accepté. Parfois, le refus, aussi poli que possible, d'une invitation crée des inimitiés aussi regrettables qu'injustes. Pour ne pas courir ce risque, j'évite d'être trop « homme public » et préfère garder les distances. Les amitiés d'escale sont souvent durables. La majeure partie de mes attaches dans le monde, datent de mes premiers voyages. A chaque nouveau passage, nous nous sommes retrouvés avec joie et je ne vois pas ce qui pourrait faire qu'il en soit autrement à l'avenir. Car les escales sont d'ordinaire courtes et l'ambiance heureuse des retrouvailles ne s'éteint pas en quelques jours. Ainsi, le souvenir que l'on garde les uns des autres est un souvenir agréable que l'on espère retrouver.

Les longues escales font entrer dans le domaine de la vie commune. L'amitié y devient plus mesurée, moins démonstrative, parfois plus profonde, parfois moins exclusive. J'ai connu et apprécié, à la fois courtes et longues escales. Leur vécu est différent, peu comparable, l'un ne saurait vraiment remplacer l'autre. Les rencontres brèves sont trop statiques pour suffire à combler le besoin de profondeur. Par contre elles sont facilement agréables. Les relations plus durables deviennent souvent complexes. Les satisfactions sont plus étalées, plus intensément ressenties, mais combien plus difficiles à gérer. En définitive, je ne fais pas de choix. J'ai envie de vivre l'une et l'autre.

Hortensio et Lydia tenaient toujours avec la même serviabilité le restaurant du club. J'y venais volontiers prendre le repas du soir après la journée de travail. Car l'escale était avant tout une opportunité de réparer les manquements constatés. Pour arriver à éliminer la fuite d'huile, je passerai beaucoup d'heures, véhiculé par Anne-Marie, à rechercher des canalisations compatibles avec celles du bord. Lente à s'adapter aux normes modernes, l'Argentine vit encore à l'époque des mesures en pouces. La réparation du radar me causera également beaucoup de soucis. L'axe du moteur qui entraîne l'antenne s'était rompu et la pièce de rechange n'était pas disponible en Argentine. Heureusement, le réparateur, Carlos Saumel, fit preuve de beaucoup de bonne volonté et d'un très grand sens des responsabilités. Après quelques essais négatifs, dus à une poulie en plastique déformée – probablement sous le soleil des tropiques –, il finira par réussir une réparation qui à l'origine semblait impossible. Une fois encore je constatai que de plus en plus, le matériel perd de sa fiabilité. C'est décevant. Plus rien n'est construit pour durer. Les constructeurs européens, étranglés par une main-d'œuvre trop coûteuse, émigrent à Taïwan ou en Corée. Ils rognent sur tout. Un mauvais plastique remplace ce qui devrait être en métal. Quelle misère! La pacotille et la camelote supplantent chaque jour davantage les produits de qualité.

Je retrouvais également des compatriotes à Mar del Plata : Lena, Aad et leurs enfants à bord du *Helena Christina* et fis brièvement la connaissance de Dominique, Patrick et de leur famille naviguant à bord du yacht français *Nouani.* Les croisières familiales sont de plus en plus nombreuses : en proportion du mécontentement issu d'une société étatisée et omniprésente. Ceux-là ne veulent pas renoncer au droit fondamental de préserver un minimum d'autonomie. Quelques-uns ne se détachent pas entièrement de la facilité et s'en vont naviguer sous les tropiques. D'autres préfèrent élever leurs enfants dans une ambiance plus active et moins ouatée. Ce sont ceux que l'on rencontre dans les quarantièmes et audelà. Je les sens plus proches de ma façon d'être. Ils ont progressé par rapport aux autres. Faire de la voile n'est plus seulement un agrément, c'est devenu une école de vie. On y retrouve une hiérarchie familiale naturelle. Le mari et le père sont le capitaine. C'est lui qui mène la barque et en cas de coup dur prendra les décisions. Sa femme est, à la fois, épouse et mère, veillant au bien-être des uns et des autres, stimulant la chaleur des rapports. Son rôle est capital : elle est la pierre angulaire de l'édifice « famille ». Les enfants participent à chaque événement, ils apprennent par l'exemple. Loin de toute corruption, rien de sournois ne les menace. Pour eux, les parents représentent la sécurité et le bateau, leur maison, leur foyer.

3

Punta Delgada, décembre 1987

Le 3 décembre, enfin, je mis le cap au sud. Les deux premiers jours, le vent du nord me permit de faire route directe sur l'entrée du détroit de Magellan. Puis le baromètre, qui était descendu à 1 003 millibars, entama sa remontée et le vent passa progressivement au sud-ouest, m'obligeant à m'écarter de la côte. Il fut parfois fort, aux limites de la tempête. Au cours d'une de ces accélérations du vent, je constatai, soucieux, qu'une fois de plus les vis de l'enrouleur de foc étaient tombées à la mer. Elles avaient troué le papier collant qui les emprisonnait. En serrant le manchon avec de nouvelles vis rapidement ajustées plusieurs d'entre elles arrachèrent le filetage et tournèrent fou. Quelle erreur de conception! l'enrouleur n'avait pas un mois de service et son bon fonctionnement était déjà douteux.

Afin de filmer les endroits historiquement importants, j'avais pensé faire escale à Puerto Deseado et à San Julian où Magellan avait dû mater une mutinerie en faisant exécuter Luis de Mendoza et Gaspar de Quesada, commandant respectivement la *Victoria* et la *Concepción*. En 1579, quelque soixante ans plus tard, Drake fit pareillement escale à Puerto Deseado et trouva nécessaire de couper une tête à San Julian.

Ce fut celle de Master Doughty, lui aussi accusé de trahison. Pour la relation historique, quelques images tournées sur la petite île des exécutions me paraissaient indispensables : toutefois, les conditions pour un bon atterrissage n'étant pas réunies lors de mon passage à proximité de ces ports, je remis à plus tard la sinistre évocation de ces tragédies.

Le 14 décembre, fatigué mais heureux j'ancrai enfin, par 25 mètres de fond, sous le vent de la falaise qui ouvre le détroit de Magellan. Le vent du sud-ouest soufflait durement dans le détroit et il me parut plus sage d'attendre, protégé par la côte, que les conditions s'améliorent. Désirant ardemment dormir quelques heures en paix, je laissai filer au soir quelques mètres de chaîne en plus. Près de 100 mètres étaient à l'eau, quand, voulant en remonter une petite longueur pour installer un bout de Nylon en guise d'amortisseur, je constatai avec effroi que le treuil, qui était neuf et servait pour la troisième fois, ne fonctionnait plus! J'étais atterré; le dispositif de remontée manuelle paraissait également hors d'usage. Comment alors récupérer la chaîne et l'ancre? Comment se tirer de ce guêpier? Remonter à la main était impossible, le poids de la chaîne et la traction que le bateau exerçait sur elle dépassaient ma capacité physique. Je n'y serais jamais arrivé en temps utile.

Entre-temps la nuit était tombée. Je ne pouvais plus rien tenter avant le lendemain au matin. « Pourvu que le vent ne vire pas au nord durant la nuit » me dis-je. Il faudrait alors couper la chaîne et décamper sans délai. Ce serait une catastrophe de perdre et l'ancre et la chaîne. Que ferais-je plus loin!

Je me raisonnai et me poussai à voir la situation avec calme. Comme rien ne pouvait être fait avant l'aube, je ferais mieux de profiter du délai imposé pour dormir un peu. On aviserait le lendemain. Tout en me couchant, je réexaminai la situation. Le moteur du treuil tournait normalement, mais il n'entraînait plus l'axe supportant le barbotin. La panne s'était produite au moment où je lâchais de la chaîne, c'est-à-dire au moment où le moteur tournait dans le sens contraire à celui de la remontée. Dans ce sens, le moteur se découple de l'axe principal. La panne résidait donc, très probablement, dans le dispositif qui réembraye le moteur dès qu'il doit remonter l'ancre. Peut-être la panne était-elle réparable? A tout hasard, je pensais démonter le treuil dès les premières lueurs du jour. En attendant il valait mieux dormir!

Le ciel s'éclairait à peine à l'est, lorsque je commençai le démontage du treuil. Il faisait froid, le vent polaire me rendait malhabile. Les mains lâchaient écrous et boulons. Néanmoins le travail progressait. Je voyais maintenant tourner le pignon moteur, mais ne pouvais voir plus bas la roue dentée qu'il entraîne. Pour avoir un meilleur accès, il fallait aussi déposer le moteur. Je marmonnai quelques paroles de dépit, mais comme je n'avais rien vu de brisé, un peu d'espoir naquit dans mon esprit et le démontage du moteur fut mené rondement. L'ayant retiré, je retrouvai au fond du carter un pignon denté, une cale, une rondelle butée et un petit boulon. Il ne me fallut pas longtemps pour comprendre avec un immense soulagement que rien n'était brisé. Le petit boulon, sans doute mal serré au montage, avait laissé s'échapper le pignon qu'il devait tenir en place, découplant ainsi le moteur. Le remontage ne posa pas de problèmes et, peu après, le treuil fonctionna à nouveau. Je remerciai le ciel et me remis dans ma couchette apaisé, immensément soulagé, heureux.

Dans l'après-midi la station radio du phare de Dungeness

me signala que le vent du secteur ouest marquait une accalmie. Sans attendre, je me préparai à quitter le mouillage et peu après j'entrai dans le détroit de Magellan. Au soir du 15 décembre 1987, *Williwaw* tirait sur son ancre dans la baie Posesión, près de la pointe Tandy. Le lendemain, réveillé depuis l'aube par le hurlement du vent d'ouest qui soufflait en tempête, j'avais, avant tout, allumé le poêle du carré où la température était descendue à 7°. Puis ayant mis la bouilloire à chauffer, j'étais allé à l'avant vérifier la tenue de l'ancre.

La baie Posesión n'est pas un bon ancrage. Ouverte d'est en ouest en passant par le sud, elle ne protège en rien contre les redoutables vents d'ouest, dominants dans le détroit, principalement les mois d'été. Néanmoins, près de la pointe Tandy le fond est de bonne tenue et de toute façon il n'y a pas d'alternative. Le détroit n'offre pas de meilleur ancrage à proximité, sinon celui de Punta Delgada à l'entrée du premier goulet. Mais le soir de mon arrivée dans la baie, le courant du reflux était déjà trop fort pour qu'il m'eût permis d'y arriver avant la nuit.

Étant à l'avant, je me rendis compte de combien le bateau était exposé au temps. Le vent hérissait la mer d'une houle courte et dure. La chaîne, tendue à se rompre lorsque l'étrave se soulevait à la lame, se détendait alors que le bateau retombait dans le creux de la vague. Poussé par le vent et le courant, qui est fort près de la pointe Tandy, le bateau reculait pour être violemment rappelé lorsque la prochaine crête, à nouveau, brutalement, le soulevait.

Ayant pris la chaîne par un nœud de Prussic relié au bateau par une forte aussière en polyéthylène d'une quinzaine de mètres de long et ayant molli le bout de chaîne remplacé par l'aussière, j'avais donné un peu d'élasticité au mouillage.

Nonobstant, les rappels étaient extrêmement violents et je remerciai le chantier Michot à Thuin d'avoir doté *Williwaw* de réas de bossoir extrêmement solides. Combien de bateaux de plaisance ai-je vus dont une partie de l'avant serait arrachée s'ils devaient ancrer en rade foraine par un bon coup de tabac. Il faut vraiment avoir vécu une telle expérience pour pouvoir se rendre compte des énormes tensions auxquelles les apparaux de mouillage peuvent être soumis.

Revenu sur le pont, après avoir déjeuné de quelques crêpes à la confiture et bu une bonne tasse de café bien chaud, j'avais tout naturellement imaginé les caravelles de Magellan ancrées un peu plus loin, vers le fond de la baie, au soir du 21 octobre 1520.

Le cœur une fois de plus gonflé d'espérance, le capitaine général était arrivé, en doublant le bout d'une longue falaise qu'il nomma cap des Vierges en hommage à sainte Ursula et les onze mille vierges dont le calendrier mentionnait la fête ce jour-là, devant une large indentation dans la côte. Il décida d'en faire l'investigation et après avoir évité les récifs qui prolongent le cap des Vierges, il doubla l'actuel cap Dungeness et, progressant vers l'ouest, jeta à la tombée du soir l'ancre dans l'actuelle baie Posesión. Là où Ladrillero prit, en 1558, possession du détroit et des régions jusqu'alors découvertes au nom du roi d'Espagne, du vice-roi du Pérou et du gouverneur du Chili. Une violente tempête, mais du nord-est, se déclara durant la nuit. Chassant sur leurs ancres, la *Trinidad*, le navire Amiral, et la *Victoria* se mirent en route et tirèrent des bords carrés à l'ouvert de la baie. Par contre, la *Concepción* et la *San Antonio*, ancrées plus près de la terre, ne purent se dégager qu'en progressant vers l'ouest. La lune était à son premier quartier, la nuit relativement sombre sous le ciel nuageux.

Ayant l'impression d'être entourés de terres dans toutes les directions, les équipages se crurent perdus. A l'aube ils constatèrent qu'un courant très fort les avait entraînés dans un chenal étroit. Grande fut leur surprise et leur joie de constater que ce chenal se déversait dans ce qui pouvait être une mer intérieure. La *Concepción* et la *San Antonio* venaient de traverser le premier goulet du détroit.

Tout d'un coup, un choc brutal et le bruit de la chaîne qui s'arrache des alvéoles du barbotin me firent bondir à l'avant. L'aussière s'était rompue. Vingt-deux millimètres d'épaisseur n'avaient pas été suffisants pour résister aux tractions imposées par le vent, le courant et la houle. Il me fallait partir de là tout de suite, sans perdre une minute. Le barbotin, neuf comme le treuil et usiné aux dimensions exactes de la chaîne, n'arrivait plus à emprisonner celle-ci. Sans tarder je lançai le moteur et commençai, avec anxiété, à remonter l'ancre. Il fallait surtout éviter que la chaîne se détende et permette au bateau de couler : pour cela il faut actionner le treuil quand le bateau tombe dans le creux de la vague, reprendre le moindre mou, l'arrêter dès qu'il remonte et que la tension devient trop forte.

Les embruns me frappaient au visage, j'étais trempé mais peu m'importait pourvu que je sorte de là sans dommages.

Finalement l'ancre arriva à pic, quelques derniers dérapages sur le barbotin et elle s'arracha du fond. Le bateau se mit en travers du vent, nous étions en route. Ouf!

Il était quatorze heures trente, ce mercredi 16 décembre. Après vérification, je constatai que le courant du flux ne serait portant qu'une heure plus tard. Tant pis, pensai-je, je ferai du sur-place s'il le faut. Le but était de gagner Punta Delgada où le plan d'eau est plus protégé. Le vent du sud-ouest (en plein dans le nez) soufflait toujours en tempête, 7, 8, 9, ou 10 Beaufort dans les rafales. A l'abri dans la cabine arrière, je naviguais au radar. Le pont était balayé par les embruns que soulevait l'étrave. Je n'avais pas hissé de voile pour éviter qu'elle ne se détruise en faséyant. La progression était lente, mais néanmoins réelle et à dix-neuf heures je mouillai, soulagé, à l'abri de Punta Delgada. *Yagan*, le bateau pilote qui était ancré dans la baie – la navigation étant suspendue – me guida, par radio, vers la meilleure ère d'ancrage. Merci!

Le mouillage s'avéra immédiatement plus abrité que celui de la pointe Tandy. Oh! ce n'était pas le lac du Bois de Boulogne, loin s'en faut, mais si le vent était ressenti de la même façon, la houle était nettement moins forte que celle de la baie Posesión et c'est la houle, bien plus que le vent, qui cause les problèmes de mouillage.

Après une bonne nuit, ayant goûté, bien au chaud, détendu, le plaisir d'écouter la tourmente, alors qu'elle ne pouvait plus m'atteindre, je me réveillai frais et dispos. Le vent soufflait toujours en coup de vent et il était clair que j'allais passer au moins un jour de plus ici. Cela ne me tracassait d'aucune façon. Je pouvais en profiter pour écrire et aussi pour cuire du pain. Depuis que je navigue, j'ai retrouvé une des joies de ma jeunesse, au temps où dans les villes on avait encore le loisir de prendre le café au sortir de l'école, vers les quatre heures et demie de l'après-midi. Maman nous beurrait une simple tartine au sirop de poires, que l'on achetait en vrac chez l'épicier. Cela nous semblait tout à fait délicieux. J'aimais beaucoup la croûte bien cuite et croustillante du pain fraîchement sorti du four et souvent, au grand dam de ma mère, grimpant sur une chaise pour l'atteindre, j'en avais déjà détaché un morceau avant que le pain ne vienne sur la table.

J'ai toujours gardé le plaisir des choses simples et en fin d'après-midi, dégustant une bonne tranche de pain frais, je retrouvais intact le bonheur d'antan. Bien sûr, j'ai mangé du caviar dans ma vie, mais je n'ai jamais perdu le sens de la relativité. Aux antipodes un hareng est considéré comme une délicatesse et une langouste comme du tout venant. La valeur chiffrée d'un produit n'exprime pas nécessairement sa qualité, mais bien plus souvent sa rareté. Je remercie le ciel de n'avoir jamais renié les choses simples parce qu'elles étaient accessibles à tous, de m'avoir préservé de ce snobisme regrettable qui porte à mépriser ce qui est aussi à la portée des plus démunis.

Ainsi se passa donc la journée du 17 et aussi celle du 18 car le vent était resté toujours aussi fort et toujours aussi contraire. J'étais assez satisfait de vivre cette nouvelle expérience dans le détroit, car elle me conforta dans ma conviction au sujet des aptitudes de la caravelle. J'ai déjà mentionné la méconnaissance qui prévaut à son sujet. Méconnaissance qui, dans l'esprit de beaucoup, accompagne une dévalorisation générale des réalisations technologiques du passé, engendrée par l'énorme publicité dont bénéficie l'essor industriel de notre époque. Publicité qui cherche trop souvent à établir la progression qualitative des réalisations actuelles en les comparant, parfois insidieusement, à ce qui se faisait hier. Ainsi, dans le domaine de la navigation à voiles sportive (?), dit-on avoir battu beaucoup de records appartenant à la marine ancienne, mais, en réalité, ce n'est pas exact : on en a simplement établi d'autres, car quelle commune mesure existe-t-il entre une traversée d'un voilier de charge au XIXe siècle et celle d'un trimaran moderne dont le skipper contrôle jusqu'au nombre d'oranges embarquées pour éviter tout poids inutile?

Aucune évidemment et il en va hélas de même pour la plupart des prétendues victoires remportées sur des exploits réels des temps passés. Personnellement je ne me suis jamais laissé aller à considérer mon passage du Nord-Ouest au niveau de celui d'Amundsen. Pour beaucoup de raisons, ce sont deux navigations différentes ayant chacune leurs caractéristiques propres et je n'aurais pas été fier de moi si j'avais, en le taisant, tenté de m'attribuer le renom de mon prédécesseur. Néanmoins, bien que les sponsors en aient fait des cibles médiatiques recherchées, il existe encore des records anciens incontestés et celui de la plus rapide traversée du détroit de Magellan à la voile pure appartient depuis 1578 au corsaire anglais Sir Francis Drake, lequel avec trois navires : la *Golden Hind*, l'*Elisabeth* et la *Marygold*, couvrait en seize jours les 363 milles qui séparent le cap des Vierges du cap Pilar. On peut penser qu'il eut beaucoup de chance, pourtant, dans un récit du voyage publié par Hakluyt on peut lire que le vent lui était souvent contraire. Par ailleurs, Magellan et sa flotte mirent trente-quatre jours pour découvrir le détroit. Si l'on décompte les jours perdus en investigations et en partant à la recherche de la *San Antonio*, qui s'était échappée et retourna en Espagne, c'est en réalité Magellan qui réalise le plus court passage. Ces navigations, auxquelles il faut ajouter, parmi plusieurs autres passages rapides, les remarquables vingt et un jours de traversée réalisés par Christophe Colomb au cours de son quatrième voyage aux Antilles, prouvent les excellentes qualités nautiques de la caravelle. Les marins de l'époque font remarquer sa grande facilité de manœuvre et son excellente aptitude à remonter au vent. Malheureusement, on n'a jamais retrouvé un seul plan original d'une caravelle. Les uniques dessins connus sont ceux qui illustrent, avec davantage d'art que d'exactitude, les cartes marines de l'époque. On ne connaît aujourd'hui, ni ses mesures exactes, ni son évolution dans le temps. La caravelle de Colomb, par exemple, est représentée avec un arrière arrondi. Les plus récentes le sont avec un château carré. Cette évolution est probablement due au plus grand nombre de gradés ayant droit aux quartiers du château arrière. Mais ceci n'est qu'une probabilité. Il est très possible que d'autres raisons soient intervenues, ainsi d'ailleurs que des évolutions qui n'apparaissent pas sur les dessins existants. Toutes les répliques construites récemment ne l'ont été que d'après des hypothèses. Les spécialistes, par exemple, ne s'accordent pas sur les dimensions de la *Santa Maria* de Colomb. Sa longueur supposée fluctue entre 22 et 25 mètres suivant les sources. C'est réellement dommage de ne pouvoir mieux apprécier ce petit navire – il n'excédait pas 150 tonnes – qui révolutionna la connaissance du monde. Ce sont ses petites dimensions qui scellèrent le déclin de la caravelle au profit des galions, navires de plus de 600 tonnes, pouvant charger davantage de marchandises et ramener plus d'or et de richesses en Europe. Dès 1502 l'Espagne évitait déjà d'envoyer en Inde des bateaux jaugeant moins de 300 tonneaux. Ce mouvement vers des navires de plus grande capacité se perpétua. La caravelle avait vécu.

4

Punta Arenas, janvier 1988

Au matin du 19 décembre, le vent recula à l'ouest mais continuait à souffler fort. Je n'avais pas levé l'ancre et comme le reflux prenait la plus grande part de la journée, j'avais été obligé de passer au moins un jour de plus sous le phare de Punta Delgada. En réalité, je ne pus quitter l'ancrage qu'au soir du 21. Lc vent, après avoir perdu sa violence était passé progressivement à l'est. Une aubaine à ne pas manquer. Je me morfondais un peu, devant attendre le courant du flux pour pouvoir m'engager dans le goulet. Mais l'attente me fut finalement rendue agréable par le capitaine du *Yagan* qui m'invita à visiter les installations du phare et à prendre un bon repas à terre. Il viendrait me chercher à bord. J'ai toujours un peu peur de ces manœuvres qui nécessitent une approche serrée. Mais le capitaine me rassura, il ne touchera pas mon bateau. Et en effet, je remarquai, plus tard, que le timonier était extrêmement prudent et conduisait parfaitement sa barque. L'après-midi se passa de façon agréable, la visite du phare était intéressante et montra que le Chili a multiplié les aides à la navigation dans le détroit. Chaque navire est suivi par radar et renseigné le cas échéant sur sa position par rapport aux dangers. Tout semblait avoir été fait pour éviter les marées noires dans cette région où les plates-formes de forage croissent comme des « copihué » au printemps. Mais la conscience marine du Chili ne s'exprime pas seulement dans le détroit : un vaste réseau de télécommunication couvre les 4 200 kilomètres de ses côtes. Il s'agit d'un effort considérable à mettre au crédit de cette nation dont les richesses naturelles n'ont de loin pas l'ampleur de pays comme l'Argentine ou le Brésil, par exemple.

Revenu à bord en temps utile, je me mis en route à vingt heures quinze, dès la renverse de courant et accompagné du *Yagan* qui me faisait un pas de conduite j'embouquai le premier goulet. Je regrettais l'heure tardive. L'obscurité naissante m'empêchait de filmer. J'aurais pu attendre la prochaine marée, mais ce n'eût pas été sage : le vent d'est ne perdure pas. Je pus naviguer toute la nuit poussé par une bonne brise de l'arrière et un courant portant. Au matin du 22 décembre, à cinq heures précises, je mouillais au large de la jetée à Punta Arenas, en attendant que la ville et plus spécialement les services portuaires s'éveillent. Vers midi, on m'assignait, par V.H.F., un amarrage à couple d'un bateau de pêche, situé sur le flanc ouest du môle. Venant de subir un échantillon de la force des vents de ce secteur et ayant toujours en mémoire le coût des peintures effectuées à Buenos Aires, l'amarrage ne me convenait pas, mais il n'y avait momentanément aucune autre possibilité. En insistant, j'obtins finalement l'autorisation de venir à couple d'un bateau de la marine chilienne dont la muraille bien verticale était exempte d'aspérités. Cela m'allait d'autant mieux qu'il se trouvait sur le flanc est de la jetée. Ainsi les vents d'ouest m'écarteront de lui, évitant le contact direct et le frottement incessant des défenses. Les fêtes de Noël s'annonçaient donc bien.

Dans l'après-midi du 24, le *Yagan* rencontré à Punta Delgada arriva. Son équipage désirait l'intercaler entre le bateau auquel j'étais amarré et *Williwaw*. Tout en exprimant le plaisir de se revoir, la manœuvre fut rapidement effectuée. Dès les amarres tendues le capitaine me faisait envoyer une dizaine de *centollas* : pour mon repas de Noël disait-il. La *centolla* est un crabe géant dont la chair est succulente : meilleure encore que celle du homard. J'étais un peu malheureux de les recevoir bien vivants et si le fond à Punta Arenas n'avait pas été de sable et avait permis qu'ils y survivent, je les aurais volontiers remis subrepticement à la mer plutôt que devoir les faire passer de vie à trépas. En y réfléchissant, il me semblait que ma façon de penser était un peu hypocrite. Ce n'est pas seulement le respect de la vie de l'animal qui me poussait à faire une action charitable : c'est avant tout ma répugnance de tuer. Morts je les aurais acceptés avec plaisir, vivants ils me gênaient! J'y réfléchissais encore un moment : cependant, je regrettais de ne pouvoir me défaire de cette dualité intérieure. J'essayais de me formuler une attitude à la fois conforme à ma morale et à la logique, mais n'arrivais pas à conclure de façon satisfaisante. Finalement, n'ayant d'autre alternative, je pris mon courage à deux mains et décidai d'occire les *centollas* sur-le-champ. Afin d'éviter toute souffrance inutile, d'un coup sec, je les coupai en deux avec une machette. Je ne fis recuire que les pattes, rejetant les carcasses à la mer. Très vite une nuée de goélands dominicains survola le bateau et recueillit les restes avec voracité, s'arrachant les morceaux les uns des autres. Mes doutes intérieurs s'apaisèrent, la nature m'avait donné une réponse satisfaisante. Le sacrifice des *centollas* n'avait pas été vain, il avait aidé à maintenir d'autres existences en vie. Par ailleurs, la répugnance de donner la mort est salutaire : elle se justifie comme étant un frein naturel, empêchant de tuer sans nécessité. Ainsi, le plaisir de manger les *centollas* et la difficulté de les tuer ne me paraissaient plus contradictoires. Rasséréné, étant occupé à cuire les pattes des crabes, j'étais appelé sur le pont par un des officiers du bateau qui, le premier, m'avait offert d'amarrer à contre-bord. Il insistait pour que je vienne partager leur repas de fête cette nuit. J'aurais certes préféré rester seul à bord de *Williwaw.* Noël est une fête que l'on dédie en général à la famille et aux intimes. Les uns et les autres vivent dans mes souvenirs et c'est avec eux que j'aurais aimé passer la fête de la nativité. Mais l'officier insistait. Je résistai d'abord prétextant que j'avais déjà préparé mon repas, mais rien n'y fit, l'insistance devenait telle que je ne pouvais plus refuser sans risquer de l'offusquer. C'est ainsi que sur le coup de vingt-deux heures, je me trouvais attablé, à la droite du capitaine, avec les officiers d'un bateau de la marine de guerre chilienne. L'ambiance n'y était pas du tout belliqueuse, au contraire j'apprenais entre des sanglots, à peine retenus, que le capitaine allait bientôt être muté sur un autre bateau et que lui et ses compagnons vivaient les dernières heures d'une fraternité que ni les gallons, ni les usages n'avaient visiblement entamée. Il m'était difficile de m'insérer dans cette ambiance. Le capitaine ne m'avait adressé que quelques mots et pour le reste de l'assistance, j'en étais resté aux présentations. Je me sentais affreusement seul en levant mon verre de vin, l'œil sec, mais évitant toute joie apparente, accompagnant docilement les multiples toasts sans bien comprendre, ni pour le moins pouvoir saisir, l'émotion qui brisait la parole de mes hôtes. Je ne juge pas, je ne le pourrais pas, je manque d'éléments d'appréciation. Toujours est-il que je me trouvais attablé avec huit hommes en pleurs et malgré ce que cela puisse avoir de profond ou de touchant, j'aurais de loin préféré vivre la Noël, remémorant mes propres souvenirs.

Un peu après minuit, la fatigue générale me donnait l'occasion de retourner à mon bord. En m'endormant je pensais encore longuement à cette communauté, si fraternellement liée. A ces hommes dotés d'un cœur généreux. Que l'ennemi vienne à blesser l'un d'eux, les autres le vengeront sans merci. Les grands sentiments ont, hélas, aussi leurs revers.

5

Puerto Williams, janvier 1988

Tite, mon ami, arriva le 30, le 31 nous embarquâmes les vivres et le premier jour de l'an, nous quittâmes Punta Arenas par vent favorable du nord-nord-ouest. De temps à autre, perçant les nuages bas, un rayon de soleil éclairait le paysage verdoyant d'une côte d'abord relativement basse, puis s'élevant progressivement pour former des collines de quelquc hauteur. Le vent, en reculant au nord-ouest, augmenta au cours de l'après-midi et devint plus instable. Des rafales brusques firent subitement gîter le bateau. C'est là, tout comme ce fut le cas pour Slocum à la fin du siècle dernier, que nous subîmes les premiers williwaws. L'un d'eux, particulièrement violent, coucha le bateau qui portait toute sa toile, excepté la voile d'artimon. Le pont bâbord était sous eau et je fus obligé de soulager le bateau en prenant le vent plus de l'arrière en attendant que s'essouffle la rafale.

En fin d'après-midi, nous ancrâmes à Puerto del Hambre (Port-Famine), une baie bien protégée des vents d'ouest, facile à reconnaître grâce au phare de la pointe Santa Ana et aux constructions de l'ancien fort, Fuerte Bulnes, construit sur le site d'un des deux avant-postes établi par Pedro Sarmiento de Gamboa en 1583, dans le but de contrôler la navigation et de refouler les corsaires et pirates qui attaquaient sans cesse les possessions espagnoles et n'hésitaient pas à remonter, dans le sillage du corsaire anglais Francis Drake – connu et craint des Espagnols sous le nom de « El Draque » – jusqu'au Pérou et en Californie.

Sur la rive opposée au phare, les croix blanches d'un petit cimetière me rappelaient les multiples tragédies dont le triste dénouement s'est achevé ici. Port-Famine, ainsi nommé par Thomas Cavendish, autre corsaire fameux, lors de son passage en 1597, doit son nom au drame que vécut la garnison de 300 colons et une centaine de soldats, mis à terre par Sarmiento et dont les ultimes survivants se sont finalement réunis ici.

Découragé par les pertes importantes en navires et en hommes subies au cours des différentes expéditions dans l'extrême sud, le roi d'Espagne Philippe II s'était désintéressé de cette région et malgré les demandes pressantes de Sarmiento, il refusa de risquer d'autres navires pour ravitailler la garnison du détroit. Tous périrent affamés, hormis deux hommes dont le nommé Thomé Hernandez qui relata la tragédie vécue par ses compagnons. Il se sauva en acceptant de monter à bord de l'*Elisabeth* de Cavendish. D'autres, parmi les vingt et un hommes et deux femmes encore en vie, refusèrent de se livrer à un navire d'une nation ennemie, d'autant plus que Cavendish, en progressant vers le Pacifique, allait dans la direction opposée à celle de leur Espagne natale.

En janvier 1590, le *Delight* de Bristol, commandé par le pirate Andrew Merick, ne rencontra à Port-Famine plus qu'un seul homme, survivant misérablement son arquebuse à ses côtés. Il devait probablement trouver la mort à bord du *Delight* car il n'apparaît pas parmi les six rescapés que comptait encore le navire à son retour à Bristol.

Ainsi se termina, par la mort de plus de quatre cents âmes, en l'espace de sept années, la première tentative de colonisation du détroit. Mais il faut remarquer que plus de deux mille avaient déjà perdu la vie par fortune de mer, avant d'arriver au cap des Vierges. Des vingt-trois navires qui composaient la flotte au départ d'Espagne, cinq seulement arrivèrent à pied d'œuvre. Le peuplement du détroit ne fut pas repris avant 1843, date à laquelle le Chili prit possession de la voie maritime. Celle-ci avait entre-temps perdu son intérêt pour les nations européennes, la découverte du cap Horn et des eaux libres unissant les deux océans ayant, dès 1616, levé l'obligation de transiter par le détroit.

C'est aussi à Port-Famine que Pringles Stokes, commandant de la *Beagle* dans la première expédition, se suicida. Il avait toujours été extrêmement soucieux de la sécurité de son équipage. Au cours d'une campagne destinée à établir la cartographie du golfe de Peñas, l'infortuné capitaine avait été tellement épuisé par des conditions climatiques contraires, qu'il en avait perdu la raison. Revenu à Port-Famine, sa santé ne s'était pas améliorée. Prostré dans un état dépressif profond, sa pensée s'était éloignée de la réalité quotidienne. Un matin, il mit fin à sa vie.

En longeant l'île Dawson, à l'ouvert du large coude qui fait courir le détroit vers l'ouest, l'anxiété d'y subir les mers abruptes que crée l'opposition du vent et du ressac me remit la permanente inquiétude du commandant Stokes en mémoire. Il est vrai que je me sentais moi aussi constamment sur le qui-vive et que cette continuelle alarme, à la longue, fatigue l'esprit. Bien sûr, je n'avais nullement l'impression de la ressentir d'une façon suffisamment traumatisante pour qu'elle puisse affecter mon équilibre mental. Néanmoins, il me semblait percevoir le cercle infernal, dans lequel est enfermé celui auquel le choc émotionnel et la permanence de cette fatigue interdit tout répit et toute détente. Long calvaire à la recherche d'une paix intérieure, qui s'éloigne à la mesure de sa nécessité. Lente marche vers l'inanition intellectuelle et enfin, mort dans un ultime abandon de soi.

Tout en progressant vers l'entrée du canal Magdalena, je me demandai ce qui peut bien me faire aimer ces paysages sombres et massifs : perspectives menaçantes noyées dans les bleus et les gris d'une atmosphère mordante, humide et froide; formes agressives qui portent en elles la puissance des cataclysmes dont elles ont jailli. Darwin, encore jeune naturaliste lors de son voyage à bord de la *Beagle,* remarquait que contrairement aux régions tropicales où la vie végétale est si puissante, ici, le milieu impose le déclin précoce. Et c'est bien vrai : dans la région qui nous occupe, toute vie avoisine la mort et tout ce qui meurt n'est que ruine atrophiée.

Alors, d'où vient l'amour de ces régions? Je n'ai pas de réponse toute faite. Je sais que cette nature rude, sauvage, impressionnante au point de me dominer, m'attire. Mais plus j'y réfléchis, moins je me sens apte à fournir une explication complète et rationnelle. Ce qui me plaît dans cet univers indompté, c'est l'absence d'arbitraire. Aucune difficulté n'est spécialement dirigée contre un être donné et celles que l'on rencontre font largement appel à des aptitudes naturelles. Mais en réalité, cette caractéristique n'est pas spécifique de l'extrême sud : on la retrouve dans toute nature vierge.

Ce qui se rattache davantage à la Patagonie australe, c'est qu'une fois intégrée dans un environnement aussi stable, dans lequel même les saisons se confondent, la notion de l'écoulement du temps est exclusivement intérieure et personnelle.

Ainsi, la progression de l'âge se mesure par rapport à soi. La relation harmonieuse avec l'environnement n'est pas interrompue par l'œuvre humaine dont l'évolution constante accélère le sentiment de la vieillesse.

Sans vouloir conclure, j'ajouterai encore, car cela me paraît fondamental, que c'est surtout la grandeur des paysages qui explique la fascination. Cette grandeur n'est pas seulement belle pour l'œil, elle l'est aussi pour l'âme, car plus que toute autre vision, elle mène à la création, à son pouvoir, à sa perfection et finalement à la joie d'en faire partie. Et cela, je le perçois au point qu'il m'arrive parfois, les larmes aux yeux, de me sentir étroitement uni à l'œuvre de la providence créatrice. Moments privilégiés où l'intime ignore les barrières du corps. Où le sang nourrissant les fibres et l'eau de la rivière fertilisante n'ont plus qu'un même lit, qu'une même artère.

Tite, annonçant l'heure du repas, mit un terme à mon introspection, longtemps, sans doute, avant qu'elle ait été menée à son terme. Comme elle touche à chaque aspect de la vie, elle occupera encore certainement mon esprit en d'autres occasions.

Treize heures venaient de sonner. Entre-temps, la pluie s'était mise à tomber et le bol de soupe, tenu à la main, se refroidissait rapidement en recueillant l'eau venue du ciel. Je ne pouvais descendre au carré, car nous arrivions à l'ouvert du canal Magdalena. La visibilité était médiocre, et le baromètre, à 984 millibars, baissait rapidement ce qui me fit craindre une saute de vent imminente. J'aurais pu m'abriter dans la cabine arrière et veiller au radar. Mais je n'y mange jamais. Je déteste naviguer avec des cartes souillées de sauce tomate ou de café et puis, je préférais bavarder un peu avec mon compagnon. Il y a tant de choses à dire et à entendre, sur tout ce qui a été vécu dans ces eaux par ceux qui les ont habitées, découvertes à partir de l'Europe, ou cartographiées. Nous parlions ainsi, principalement, des Yagans et des Onas, natifs de ces régions et des expéditions de la *Beagle*, qui de 1826 à 1836 a relevé une grande partie des côtes depuis le Rio de la Plata et la Terre de Feu, jusqu'à l'île de Chiloé. Conversations à bâtons rompus que seul interrompait l'obligation de naviguer avec précaution. J'étais content de gagner l'abri offert par les montagnes abruptes bordant le canal. Le ciel assombri était chargé de menaces et j'avais la nette impression que nous vivions les derniers calmes avant la tourmente. Heureusement, Bahia Morris, notre prochain havre, n'était plus qu'à quelques milles qui allaient vite être couverts car le courant était favorable. Nous y maillâmes *Williwaw* à une bouée d'amarrage, alors que les premières bourrasques troublaient les eaux transparentes de la baie.

Le mauvais temps sévira plusieurs jours. J'avais espéré pouvoir aller filmer la beauté naturelle du seño Agostini, un bras de mer où se déversent plusieurs glaciers. Mais la pluie et surtout la brume n'auraient pas permis de rendre les superbes reflets colorés, ondulant au pied des rivières de glace.

Après trois jours d'attente dans la baie Morris il devenait clair que nous devions abandonner, pour cette fois du moins, les prises de vues dans le seño Agostini. Nous avions l'obligation d'être présents à Puerto Williams, une base maritime dans le canal Beagle, le 15 janvier, date à laquelle la marine chilienne nous avait proposé un embarquement vers l'île Horn, où je voulais filmer une tempête.

Le mardi 5, nous libérâmes le coffre d'amarrage et après un dernier regard dans la baie Morris, nous virâmes cap au sud vers le canal Cockburn. On y accède par un coude à 90° qui ouvre la route vers l'ouest. A notre droite, l'imposant Monte Sarmiento, haut de 2 234 mètres et le glacier Contramaestre, né des neiges du sommet, étaient voilés par les nuées. Seuls près du niveau de l'eau se distinguaient les bleus du glacier et les pentes obscures à la base du mont. La neige qui couvrait le sommet rayonnait dans l'opacité du ciel, cernant la montagne d'une auréole de lumière animée par la fuite hâtive des nuages.

En virant dans le canal Cockburn, le vent d'ouest nous heurta de plein fouet. Les embruns et la grêle martelèrent la coupole du rouf comme le ferait la décharge d'un fusil de chasse. Oh! combien avais-je l'impression d'être peu de chose dans ce paysage de géants! Que me semblent-elles dérisoires les bravades de ceux dont les monologues ne mentionnent que défis et victoires. J'ai heureusement appris depuis longtemps qu'il est plus sage de courber la tête et de chercher à s'abriter de la dynamique des éléments. Peur? mais bien sûr! Manque de courage? Non, je ne le crois pas : on n'est jamais certain de pouvoir éviter l'impact direct avec la puissance de la nature. Il reste toujours une marge inconnue et le courage est précisément la qualité qui permet d'accepter la rencontre de cet inconnu. Vu la puissance des éléments par rapport à nos propres possibilités, cet inconnu peut tout normalement engendrer un état d'angoisse qui doit, sous peine de mener vers le désarroi et la panique, être perçu, avec calme, comme une conséquence logique de l'incommensurable dynamique des éléments et de la difficulté pour l'homme de s'en accommoder. Cette acceptation de la peur, et donc d'une certaine humilité face à la nature, est primordiale car elle permet de conserver les facultés intellectuelles qui seules sont capables de coordonner l'action qui s'impose. L'homme, dépassé sur le plan de la dynamique, n'a que son savoir ou sa raison pour échapper à la pleine puissance des éléments. Il doit donc pouvoir, tout en se sachant physiquement dominé, conserver toute sa lucidité, seul moyen de défense propre, et plutôt que de se croire capable de vaincre la nature, il doit savoir – et admettre – qu'il peut tout au plus, mais c'est déjà énorme, remporter une victoire sur lui-même. Lecteur, n'attendez donc pas de moi que je brave la mort, défie la mer, nargue les vents ou crâne en toutes circonstances. Pourtant si vous continuez à me suivre et si Dieu le veut, comme en d'autres lieux, je vous emmènerai loin, là où ne se rencontrent que ceux qui acceptent l'humilité devant la nature.

L'espace d'un instant je pensai faire demi-tour, mais à la réflexion il valait mieux serrer les dents et poursuivre. Puerto Soffia, une échancrure dans la face est de l'île Diego est un bon abri; je le connaissais bien pour y avoir relâché plusieurs fois. Une partie de l'approche peut se faire à couvert de l'île et cela allait bientôt rendre la progression moins pénible. Et de fait, petit à petit la mer devint moins dure et, à l'heure du goûter, nous passâmes l'îlot Javeira à l'entrée de la très jolie baie Soffia, heureux de trouver enfin une eau à peine ridée. L'annexe fut rapidement mise par-dessus le bord, afin de pouvoir filmer quelques images à terre avant que la lumière ne fasse défaut. Pendant que je tournais quelques plans, Tite était parti à la recherche de moules, mais il revint assez déçu. « Elles sont petites » dit-il. Eh oui, ce n'était plus comme il y a quelques années. En ce temps-là, il était rare de rencontrer un voilier. Actuellement, il y en a plusieurs qui croisent en Terre de Feu et apparemment tous les équipages aiment cueillir les fruits de mer qui croissent sous la lumière peu filtrée des eaux limpides.

La vogue que connaît la Patagonie maritime parmi les plaisanciers n'est pas sans causer quelques problèmes. Plusieurs y viennent avec des bateaux mal préparés et connaissent des ennuis, voire parfois des situations de réelle détresse. La marine chilienne à laquelle il est régulièrement fait appel se rend compte quelle ne possède ni les moyens, ni l'infrastructure nécessaires pour garantir la sécurité de tous ceux qui naviguent dans ses eaux. Il s'ensuit, et c'est une conséquence logique, qu'afin de limiter les aires de recherches, elle édicte des règles pour canaliser le trafic dans des itinéraires donnés, fermant ainsi la plus grande partie des eaux de l'extrême sud à la navigation. Beaucoup, dont je suis, acceptent mal de devoir payer les erreurs d'autrui. Ils ne peuvent pas en vouloir aux autorités qui agissent dans le sens du bien général. La cause réelle des restrictions progressives qu'a dû prendre le Chili se trouve dans les erreurs d'appréciation quant aux difficultés de cette navigation longue, dure, isolée et sans moyens logistiques autres que ceux du bord. Pour le bien général de la plaisance, il est grand temps que ses adeptes prennent conscience du fait que les règlements et lois édictés le sont toujours en vertu d'abus commis antérieurement. Si nous voulons conserver une certaine autonomie, ce qui en Europe n'est déjà plus guère possible, il est grand temps de faire preuve de maturité et de responsabilité personnelle, afin que dans le monde continuent d'exister quelques lieux où l'on puisse se sentir libre et se conduire en adulte c'est-à-dire avec son propre bon sens et une autodiscipline personnelle.

La météo était un peu meilleure le lendemain. Nous quittâmes Puerto Soffia dans la matinée. Non pas tellement pour faire route, car le temps était toujours incertain, mais davantage pour connaître d'autres endroits. C'est ainsi que nous ancrâmes une heure plus tard dans caleta Barrow, sur la face sud de l'île Diego. L'abri se révéla très vite peu sûr. Ouvert sur le canal Cockburn et ses vents d'ouest, il laissa entrer une houle désagréable et pouvant rapidement devenir dangereuse. Nous quittâmes l'ancrage avec soulagement et décidâmes d'entrer dans canal Engaño : chenal pittoresque séparant l'île Diego de la péninsule Gaston, promontoire de la grande île Capitan Aracena. Le canal est étroit, 600 mètres à 1 000 mètres de large, mais il est profond et exempt de danger hormis dans son embouchure nord, là où il rejoint le seño Prat. Dans le fond du canal, un plan d'eau circulaire d'un demi-mille de diamètre, offre un excellent ancrage par 18 mètres de fond. Une fois le canot mis à l'eau, nous remarquâmes immédiatement qu'il était rarement visité : les moules étaient nombreuses et de taille! Repas délicieux et nuit tranquille. Que pouvions-nous espérer de plus.

Le lendemain, nous nous mîmes en route à six heures quinze. Temps calme. Ciel nuageux. Le baromètre relativement haut paraissait stable à 1 004 millibars. Pas un souffle d'air. L'absence de vent est une aubaine dans le canal Cockburn. Ouvert sur le Pacifique, le vent dominant d'ouest et la houle de l'océan s'engouffrent dans le chenal, levant une mer souvent très dure. Au cours de la matinée la brise adonna un peu, mais sans excès. La houle devint immédiatement plus importante, ce qui nous fit penser qu'en mer il ne devait pas faire bon. Je me faisais un peu de soucis pour l'entrée dans le canal Ocasión qui est très exposée à cette houle si nommément et à la fois si peu pacifique. Magellan quitta le détroit qu'il venait de découvrir par une rare journée de beau temps et nomma l'océan qui s'étendait devant lui : Pacifique. Quelle erreur involontaire : il l'est en réalité si peu!

Vers midi, je notai dans le journal de bord : temps à grains, pluie intermittente, mauvaise visibilité. Heureusement le radar fonctionnait bien et, tout en contrôlant notre position sur l'écran, j'eus une pensée reconnaissante pour Carlos Saumel, le radariste de Mar del Plata.

Peu après nous arrivions au travers de l'embouchure du canal Ocasión. La mer brisait avec furie sur les rocs qui délimitent le chenal, près de la petite île Guia dont le sommet porte une balise. Il ne fallait surtout pas tenter de couper au court dans le virage. Heurter là le fond équivaudrait, pour le moins, à perdre le bateau. Mais il n'y avait pas de danger; *Williwaw* était bien placé et après quelques coups de roulis, il gagna les eaux plus calmes à couvert des rochers qui débordent la grande île Aguirre. Canal Ocasión offre une route moins exposée que celle qui contourne l'île Aguirre par l'extérieur. Dans ce chenal débouche un bras : seño Ocasión, qui mène à un splendide ancrage taillé dans le granit : caleta Brecknock.

Tite était émerveillé en découvrant le cirque au centre des roches érodées et me confessa spontanément n'avoir rien vu de pareil dans sa vie. Il me faisait un plaisir énorme. Ce ne fut pas facile d'arriver jusqu'ici. Ces quelques mots me rétribuèrent de toutes les peines encourues. J'ai toujours aimé les équipiers enthousiastes. Alphy, mon compagnon dans la précédente expédition, l'était également et je le vois toujours sautant de joie en photographiant quelques baleines jubartes à l'entrée du chenal Neumayer en Antarctique. Quelle merveilleuse récompense pour le skipper que cette joie dont il se sent un peu l'artisan.

La fin de l'après-midi était assez belle et je pouvais, en compagnie et avec l'aide de Tite, planter la caméra sur les hauteurs qui surplombent l'ancrage. Depuis le départ de Punta Arenas le mauvais temps continuel ne m'avait pas permis de filmer beaucoup. Tout au plus quelques images à Port-Famine et dans canal Engaño. Je profitai donc pleinement de l'opportunité qui se présentait là et explorai tous les angles possibles pour traduire au mieux la beauté du site. Nous étions déjà à l'heure du repas du soir quand nous terminâmes. Après les moules préparées par Tite le jour précédent, j'en vins à une cuisine plus conventionnelle : des spaghetti Bolognese! Le plat n'était choisi ni par nécessité, la cambuse du bord est bien fournie, ni par manque d'inspiration, Tite prépare d'excellents repas à la mode chilienne. En ce qui me concerne, la cuisine est un de mes anciens violons d'Ingres et ni le homard à l'Américaine, ni l'entrecôte Villette – pour ne pas citer les ris de veau Financière ou le lièvre à la Royale, qu'il serait malaisé de préparer à bord – ne vous déplairaient si, d'aventure, vous m'apportiez les ingrédients! Mais revenons aux spaghetti. Tite les aime bien et moi également. Ils n'ont d'ailleurs de Bologne que le nom. La sauce est bien plus fournie et onctueuse que la maigre purée de tomates chère aux transalpins. Je ne vous donnerai pas la recette, elle est à chaque fois différente, suivant ce qui me tombe sous la main : elle sera à base de corned beef, de haché de bœuf, ou faite simplement des légumes de base, oignons hachés revenus à l'huile, pointes d'ail et tomates concassées. Le tout cuit avec un fonds de viande et condiments. Si la « Bolognese » paraît un peu claire on lie légèrement avant de servir, accompagné de fromage râpé. Tous les plaisanciers ont leur recette. La sauce tomate tient en général une grande place dans les cuisines du bord!

Le lendemain, en sortant de caleta Brecknock, je faillis perdre mon bateau. Tout s'était passé tellement vite et de façon si imprévue que j'en étais encore tout alarmé en montrant à Tite, qui s'affairait tranquillement en bas et était venu en hâte sur le pont étonné du ton de reproche qu'avait pris ma voix, le tracé du sillage touchant la paroi du chenal.

Prévoyant une longue navigation, nous avions décidé de partir tôt. Comme chaque matin, avant de lancer le moteur, je pensais vérifier le niveau d'huile, contrôler l'alimentation du réservoir journalier et regarder si, par ailleurs, tout semblait normal. C'est un travail de routine qui accompagne chaque nouveau départ. En général, je l'accomplis après avoir réveillé mon compagnon qui fait sa toilette et s'habille entre-temps. Puis, après être revenu au carré pour me laver, je file dans la cabine arrière pour apprêter les cartes et instructions nécessaires à établir ou vérifier le plan de route. Cela aussi, j'aime le faire avant de larguer.

Mais ce matin-là, malgré l'aube à peine naissante, mon compagnon était levé avant moi et lorsque je m'apprêtai à le tirer de ses rêves il m'attendait, frais et dispos, le petit déjeuner prêt à être pris. Cela changeait un peu la routine, mais je n'eus pas conscience que cela pouvait avoir une quelconque importance. Tout en prenant le café, nous parlions de choses et d'autre dans une ambiance joyeuse et insouciante. Puis, je m'en fus dans la salle des machines faire les vérifications usuelles. Le moteur tournait depuis un moment déjà lorsque je revins sur le pont. Tite, le ciré jaune ruisselant des eaux d'une pluie fine tombant sans bruit, était près du treuil et avait commencé à rentrer la chaîne d'ancre. J'aurais pu lui demander d'attendre un instant, mais l'idée ne m'en vint pas. En réalité, j'étais content de partir immédiatement et de profiter du temps calme qui ridait à peine le plan d'eau.

Ayant rapidement capelé un ciré, alors que Tite terminait de rentrer l'ancre, je pris la gouverne manuelle pour engager *Williwaw* dans le long et large chenal conduisant vers canal Ocasión. Il me sembla alors nécessaire de consulter la carte, afin de me remémorer la route à suivre une fois sorti du présent chenal. Je priai Tite de me relayer à la barre, tout en l'enjoignant de tenir le milieu du chenal, et gagnai la cabine arrière dont je fermai prestement le capot, la pluie et l'équipement électronique ne faisant pas bon ménage. Tranquillement, je m'assis face à la table à cartes et après avoir branché le radar afin qu'il entame le préchauffage requis, j'étudiai posément la carte. Quatre ou cinq minutes s'étaient écoulées lorsque revenant au radar je pus régler l'image. Je fus un peu courroucé de constater que le bateau était tout à gauche du chenal. En criant un bon coup « *Tomas la mitad del canal, Tite* » je croyais avoir remis les choses en ordre. Je ne croyais pas à un danger immédiat : d'après la carte les bords du chenal sont accores, mais on ne sait jamais ce qui peut arriver et en naviguant au centre on se donne la plus grande marge de sécurité possible. C'est une précaution à laquelle je tiens.

N'entendant pas le bruit du gouvernail qui manœuvre, j'eus tout à coup le pressentiment que quelque chose m'échappait. Je criai « Tite » de toutes mes forces et ouvrant le capot pour savoir ce qui se passait je vis d'abord qu'il n'y avait personne à la barre. Où est-il ? Tombé par-dessus le bord ? Mon Dieu, non pas ça ! Je sautai sur le pont en criant encore « Tite ». Tout d'un coup je remarquai avec effroi que le bateau, marchant au moteur à près de huit nœuds, était à quelques centimètres de la paroi de granit. Je n'eus que le temps de mettre la barre toute sur tribord : à quelques secondes près la coque se déchirait sur le roc. C'est à ce moment que Tite, venant des toilettes, apparut incrédule, ajustant la ceinture de son pantalon.

– *Que pasa?*

– *Como que pasa? Te pedi que tuvieses el timon y tu te fuistes!*

Tite se justifie en rétorquant qu'il avait tenu la barre pendant quelques instants, puis était descendu croyant que j'avais branché le pilote automatique. Voulant me donner le temps de préchauffer le radar et d'étudier la route à suivre, je n'avais à aucun moment émis une telle intention. Mais manifestement mon compagnon était de bonne foi. Je le connais suffisamment pour savoir qu'il a le sens des responsabilités. De toute évidence il s'agit d'un malentendu. Mais à l'épaisseur d'une feuille de cigarette près, il me coûtait mon bateau.

L'incident et la discussion m'avaient complètement fait perdre le fil de la navigation. Arrivé à l'embranchement du canal Ocasión et croyant être arrivé à Punta Giratorio, qui est située un mille plus loin, je virai du côté opposé à ma route. Une étendue de goémon avertit heureusement du danger et Tite, sans perdre de temps fit battre en arrière. Ouf! Je décidai enfin d'arrêter et de reprendre tout avec calme.

Si j'ai voulu relater ces événements avec tant de minutie, c'est que je voudrais préciser, une fois de plus, qu'en navigation, la sécurité n'est jamais plus qu'apparente et qu'il est nécessaire de se tenir, sans cesse, sur ses gardes. Je crois fermement que c'est pour n'avoir jamais complètement relâché l'attention qu'il m'a été permis de couvrir plus de 250 000 milles sans griffer la coque de mon bon *Williwaw*. Mes équipiers ont en général, mais hélas pas toujours, compris que si je suivais leurs actions de près, ce n'était pas une attitude de méfiance à leur égard, mais simplement l'expression de la vigilance que je m'efforce de garder en constant éveil. J'aimerais que ceux qui se souviennent de mes navigations se rendent compte, avant tout, que malgré des itinéraires souvent difficiles, j'ai toujours pu conduire mes équipiers à bon port, sans qu'ils aient connu d'accidents notables, sans qu'ils subissent même une égratignure. Aucun record à battre, aucune performance exceptionnelle, aucun honneur à ma portée ne m'ont fait oublier que la sécurité de ceux dont on a la charge doit primer en toute circonstance. Et si mes compagnons m'ont quelques fois reproché d'être intransigeant, aucun ne dira que je n'étais pas à ses côtés dans les moments difficiles. Plaise à Dieu qu'il en soit encore longtemps ainsi. Le jour où ce ne sera plus possible, je hisserai les voiles en solitaire ou resterai au port, définitivement.

Mon pauvre ami Tite était bien ennuyé. Il avait présumé que le bateau naviguait sous pilotage automatique et manifestement regrettait de ne pas en avoir attendu confirmation. Quant à moi, je ne comptais plus lui parler de cet incident : Tite est assez grand pour en tirer par lui-même les conclusions. D'ailleurs, la navigation avait repris son cours et d'autres sujets captaient l'attention. En entrant dans canal Brecknock, baptisé du nom d'un comte anglais, la route suivie coïncidait une fois de plus avec celle reconnue par la *Beagle*. La pluie tombait dru, la visibilité était médiocre. Je me lamentais à nouveau de ne pouvoir filmer ces paysages tant marqués par la désolation. Iles perdues dans le crachin ne laissant au regard que côtes déchirées, végétations clairsemées, arbustes bossus pliés par le vent, rocs nus cernés d'écume, érodés par une mer agressive et puissante.

De nouveau, le vent était contraire. Nous n'avions pas de chance, les vents d'est sont plutôt rares et il eût sans doute suffit de rester un jour de plus à caleta Brecknock pour faire route par vent arrière. Mais nous étions inquiets de ne pas arriver en temps opportun à Puerto Williams et, de toute façon, je pouvais encore filmer en retournant à Punta Arenas, après avoir été à l'île d'Horn. Après avoir longé une partie de l'île Basket on entre dans paso Aguirre, un chenal bien balisé d'une largeur de 400 mètres, permettant d'éviter le haut-fond Bevan. L'île Basket est belle de formes. Haute de 560 mètres elle présente un relief très irrégulier, montrant au milieu d'autres sommets une magnifique chaîne de pics escarpés formant l'arrière-pays de la baie Murray. Le 29 janvier 1830 le capitaine Fitz Roy envoya le lieutenant Matthew Murray et quelques hommes reconnaître l'île dans une baleinière que venait de construire le charpentier de la *Beagle*, Jonathan May. Durant la première nuit à terre, des indigènes volèrent la baleinière laissant le pauvre Murray et son équipe sans leur principal outil de travail. Devant cette situation et dans la nécessité d'aviser la *Beagle*, Murray décida de construire sur place une embarcation constituée d'une armature faite avec des branches tressées, colmatée avec de l'argile durci au feu. Terminé, l'esquif ressemblait à un panier (*basket*). Après un jour et une nuit de navigation hasardeuse Murray put rejoindre la *Beagle*. Le vol de la baleinière indisposa gravement Fitz Roy qui entreprit immédiatement une campagne de recherches. Son itinéraire qui menait en direction du canal Beagle porte aujourd'hui le nom de « Canal Ballenero » (chenal de la Baleinière). Ne rencontrant pas l'objet du vol, un des pilotes de l'expédition crut bon de prendre quelques otages parmi les natifs. Deux hommes, dont un fut nommé Boat Memory, allusion à la baleinière perdue, et l'autre York Minster, en mémoire de l'endroit où il fut capturé, et une jeune fille à laquelle fut donné le nom de Fuegia Basket en pensant à l'étrange embarcation qu'avait construite Murray. Un quatrième, Yagan, fut acheté à ses parents pour le prix d'un bouton de nacre. Il reçut le nom de Jemmy Button. Le but, en dehors de celui de faire pression sur les natifs pour que soit restituée l'embarcation volée, était d'inculquer aux captifs des rudiments d'anglais, afin qu'ils puissent servir de guides et d'interprètes de leurs compatriotes. Il est juste de dire qu'étant innocents, ils furent traités amicalement à bord de la *Beagle.* Robert Fitz Roy les prit sous sa protection et Fuegia, qui était âgée de huit ans, fut bientôt la mascotte du bord. Ces natifs se plaisaient apparemment parmi les marins anglais, car ils ne tentèrent jamais de se sauver et accompagnèrent l'expédition jusqu'à son retour en Angleterre où ils furent présentés à la reine Adélaïde qui leur donna quelques présents. Lors du second voyage de la *Beagle* ils furent reconduits à leur tribu. Seul Boat Memory manquait : il avait péri, peu avant le départ, victime de la variole dans un hôpital naval des environs de Londres. Pour conclure cette parenthèse, il peut être intéressant de noter que cet essai de civilisation n'eut pas de prolongement. Aussitôt intégrés à nouveau dans leur milieu, les natifs troquèrent leur costume trois pièces pour une peau de guanaco, oublièrent le « five o'clock tea » et ne prirent jamais plus leur repas avec un couteau et une fourchette.

Ayant franchi Paso Aguirre, nous entrâmes dans Bahia Desolada, l'entrée du canal Ballenero. Le passage entre les îles Burnt et Bruce au début du tracé me rappelait que James Cook était également passé par là. C'est lui qui donna son nom à l'île Burnt, dont le sommet couvert de broussailles et d'herbacées avait été en partie consumé par le feu. C'est en décembre 1774, au cours du second voyage de découverte, que l'H.M.S. *Resolution*, venant de Nouvelle-Zélande, pénétra dans Bahia Desolada. Quelques mois plus tard Cook donna leur nom aux îles de la Géorgie du Sud et découvrait les Sandwich, qu'il prit pour une extrémité de l'Antarctique.

La pluie avait cessé depuis un moment et le ciel s'était ouvert un peu. Nous passions entre l'île Grande et l'île Steward lorsque j'aperçus les superstructures d'un navire à 6 milles sur notre arrière. Tite, ayant pris les jumelles, reconnut immédiatement le nid de pie caractéristique du *Piloto Pardo*, navire de la marine chilienne, familier des eaux Antarctiques. Peu après, le *Pardo* nous appela par radio, selon la coutume des bâtiments de la marine de guerre, pour que nous nous identifions.

– *Atento velero que navege à la quadra de la isla Grande en canal Ballenero, aqui buque de la Armada. Por favor indentifiquese Cambio.*

– *Buque de la* Armada *aquí el velero de bandera Holandesa.*

– Williwaw. *Procedencia Punta Arenas, destino Puerto Williams. Cambio.*

– *Ya* Williwaw *recibido conforme. Lo deseo una buena navegación. Cambio.*

– *Gracias, señor. Nosotros los desean tambien una feliz llegada a su destinación. Aquí* Williwaw. *Over and out.*

Les opérateurs chiliens aiment rouler les r. Le *rrrescibido conforrrme* nous a souvent fait rire et était devenu une source d'imitations joyeuses à bord. En général les contacts radio avec la marine sont courts et fonctionnels, mais toujours d'un ton extrêmement poli et chaleureux. Le yachting n'est heureusement pas pris au Chili comme étant une activité de nantis désœuvrés, mais comme une activité sportive salutaire qui mérite encouragement. Cette optique est plaisante et pour moi elle correspond à une indiscutable réalité. La voile, c'est même plus qu'un sport, c'est une école de vie qui apprend, entre autres, à assumer ses responsabilités, à accepter de payer ses erreurs. Mais qui donne aussi, tout naturellement, la joie liée aux décisions judicieuses. Ce qui me plaît particulièrement, c'est qu'elle est encore, en grande partie, étrangère au mode de vie hyper sécurisant où la responsabilité personnelle est chiffrée par les compagnies d'assurances, plutôt que par la conscience individuelle.

Je fus étonné, quelques minutes après la demande du *Piloto Pardo* d'être à nouveau appelé, mais cette fois par une voix féminine. « Eh Willy, quelle coïncidence de se rencontrer ici. » En effet, Béatrice, l'épouse de Gérard Boels, un ami membre du B.R.Y.C. était à bord du *Pardo* en route vers l'Antarctique. Par je ne sais quel hasard, nous ne nous étions jamais consciemment rencontrés à Bruxelles où pourtant nous aurions pu le faire à maintes occasions et voilà qu'au bout du monde nous faisions connaissance de façon imprévue. Du moins verbalement car le *Pardo* n'était pas encore arrivé à notre hauteur. Béatrice me dit qu'il ferait escale à Puerto Williams jusqu'au lundi suivant dans l'après-midi. Cela nous laissait le lendemain dimanche et une partie de la journée du lundi pour essayer de se voir. Rendez-vous pris, nous en restâmes là pour le moment, mais au fur et à mesure que le *Pardo* s'approchait de nous, Tite, qui est évidemment autant que moi sensible à une présence féminine, me créditait, sur un ton enjoué, d'intentions les plus affirmées. C'est fou ce que les hommes peuvent s'amuser à fabuler sur ce thème. Le fait que nous étions effectivement privés d'occasions de rencontres augmentait le plaisir d'extérioriser des pulsions momentanément refoulées, mais que l'on ne tenait nullement à voir se perdre. La rencontre avec madame Boels n'était évidemment qu'un prétexte. Nous n'avions d'elle aucune image ou attitude réelle. Notre imagination compensa allégrement cette lacune en associant son aimable voix à celle qui sommeillait dans la mémoire de nos désirs. Quand enfin le *Pardo* nous dépassa sur tribord, nous saluions tous les deux, avec le même enthousiasme, une silhouette, frêle, dans la distance, vêtue d'un pull bleu et qui de ses deux bras tendus appelait notre regard.

Peu après nous entrâmes dans canal O Brien et prîmes la bouée dans Puerto Fortuna, un petit abri circulaire où nous allions passer la nuit et rêver, du moins en ce qui me concerne, à ceux et à celles, vision plus concrète, que j'avais, ou avais dû, quitter pour répondre à l'appel d'une vocation profonde, nourrie consciemment et suivie après une longue préméditation parce que paraissant belle, utile et en harmonie avec ce que j'avais été et désirais être. Le lendemain, dimanche 10 janvier, nous quittâmes Puerto Fortuna un peu après huit heures. Une fois de plus la météo était à la pluie. Néanmoins, de temps à autre une éclaircie me permettait de tourner quelques images. Je pus ainsi filmer l'entrée du bras nord-ouest du canal Beagle avec ses glaciers étincelants à hauteur du seño Garibaldi. Dans sa partie ouest, là où nous l'embouquions, le cours du canal Beagle est divisé en deux bras. Le bras nord-ouest est le plus beau et c'est celui qui est ouvert au trafic. En 1978, avant que les aires de navigation fussent limitées, j'avais eu l'occasion de remonter par le bras du sud-ouest : ce qui me permet d'affirmer que du point de vue scénique il est nettement moins attrayant.

Poursuivant notre route, je continuai à filmer au gré des embellies. Tite m'aida beaucoup à monter et à descendre la caméra, une Eclair Coutance, assez lourde avec sa batterie, mais trop précieuse pour être laissée sur le pont entre les tournages. En passant devant la baie Romanche en face du glacier du même nom, je ne manquais pas de me rappeler que c'était là que j'avais passé la nuit de Noël en compagnie d'Alphy Van Brande durant l'expédition de 1982. Que de souvenirs jalonnent cet itinéraire tant de fois déjà emprunté. En 1973, j'y avais ancré en compagnie de la plus jeune de mes filles, Martine. Elle devait avoir vingt ans. Nous étions arrivés dans la baie par très gros temps et en ayant pris beaucoup de peines. Je me rappelle qu'il faisait très froid, mais le poêle ayant été allumé, il régnait bientôt une atmosphère chaleureuse dans le carré. Martine, heureuse d'être arrivée à bon port, mais n'en parlant pas, m'avait aidé à enlever mes bottes et me passait une boisson chaude prise dans le thermos. Jamais, je crois, un père et son enfant n'ont été plus étroitement unis que nous, là, en Patagonie, au cours de cette navigation rude, éloignée, mais, le cas échéant, propice à rassurer l'un sur la vaillance de l'autre. Je me remémorais ces souvenirs avec une grande émotion et un court instant mon regard s'embua.

Les exclamations admiratives de Tite devant l'une ou l'autre beauté naturelle me ramenèrent au présent. Nous avions doublé l'île du Diable et arrivions en vue du feu de Punta Yamana. Isla del Diabolo doit son nom à un marin de la *Beagle*, qui, par une nuit sombre, crut y voir les yeux d'un diable. En réalité, il s'agissait d'un hibou, mais le marin superstitieux ne voulut point en démordre et l'île fut baptisée Devils Island. Quant à Punta Yamana, il évoque le nom que se donnaient les Yagans. Dans leur langage le vocable voulait dire « homme ». Curieuse similitude avec le mot Inuit, qui désigne l'Esquimau et signifie également dans son langage : « homme ». Punta Yamana est un P.V.S. (poste de vigilance et de sécurité). Il est habité par deux membres de la marine reliés par radio à leur base. Ils prennent note du trafic, gèrent les avis de détresse et fournissent sur demande un bulletin météo. A leur demande nous nous étions identifiés, à la suite de quoi nous eûmes droit au *rrrecibido conforrrme* habituel. En réponse à une de leurs questions j'eus le plaisir de pouvoir placer un *affirrrmativo* bien roulé. Peu après, ayant jeté l'ancre à l'abri d'une petite île dans Bahia Yendegaia, nous préparâmes un bon repas et gagnâmes nos couchettes, satisfaits autant que fatigués de cette longue journée.

Avant de nous mettre en route, le lendemain matin, je pus filmer quelques plans dans la baie. La nuit avait été tranquille et nous avions bien dormi. Nous arrivions au terme de notre traversée vers Puerto Williams : une quarantaine de milles restaient encore à couvrir. Nous arriverions certainement avant le départ de Béatrice Boels et savourions déjà, toujours avec quelques innocents sous-entendus, le plaisir de faire sa connaissance. La journée était belle, le Beagle lumineux, l'ambiance joyeuse. Une quantité de pellicule était exposée. Au loin sur bâbord se réveillait Ushuaia et je pus me rendre compte combien la ville avait grandi depuis quelques années. De 3 000 habitants en 1973, elle en comptait maintenant 30 000. L'après-midi était à peine entamée lorsque nous arrivions en vue de notre destination. Du regard nous cherchions les superstructures du *Piloto Pardo* mais à notre grand désappointement elles n'apparaissaient pas et venant plus près, il fallut se rendre à l'évidence : il n'était pas au port. En nous amarrant à quai, nous apprîmes qu'il avait appareillé dans la matinée. Dommage! Petite compensation : Béatrice m'avait laissé un mot gentil et des regrets pour le rendez-vous manqué.

Nous eûmes confirmation à Puerto Williams que le départ prévu pour l'île d'Horn était programmé pour le 16 courant. Cela nous laissait quelques jours de liberté. Tite aurait bien voulu visiter Ushuaia et comme nous en avions le temps j'étais satisfait de pouvoir lui faire plaisir. Pourtant j'aurais préféré que mon ami prenne un peu de repos. En arrivant, il venait de se relever d'une méchante grippe. Notre navigation dans le froid humide des derniers jours ne lui avait apparemment pas fait du bien car j'observais, bien qu'il fît tout ce qu'il put pour que je ne m'en rende pas compte, qu'il avait recommencé à tousser beaucoup. Je lui fis part de mes craintes, mais il affirma qu'elles n'étaient pas fondées et que les quelque 25 milles qui nous séparaient d'Ushuaia ne pouvaient lui faire du mal. Nous larguâmes donc les amarres, traversâmes le Beagle et ancrâmes face à la ville. Parmi quelques voiliers inconnus je retrouvai le sympathique équipage du *Nouani*, ancré à toucher le rivage. Ils attendaient un ami dont l'arrivée était imminente et en effet nous le rencontrâmes le soir, attablé avec ses hôtes chez « Tante Elvira », un restaurant sympathique où les fruits de mer et la centolla sont à l'honneur. Nous passâmes ensuite la soirée à bord du *Nouani* et je pus mieux apprécier son équipage seulement brièvement connu à Mar del Plata. L'ami, très au courant des navigants et de leurs itinéraires, connaissait bien mon livre *Le Passage du Nord-Ouest* mais me déclara tout de go qu'il ne l'avait pas aimé. Il l'avait, disait-il, trouvé amer. Loin de m'en offusquer, car c'était dit sans agressivité, je pris intérêt à sa remarque. C'était la première fois que quelqu'un émettait ouvertement et en ma présence une critique, non déguisée, sur ce livre. Je ne partageais pas son sentiment car il me semblait l'avoir écrit sans exprimer d'amertume. Mais je sais combien les mots sont relatifs et combien il est difficile de décrire des sentiments. L'âme a un langage que le vocabulaire ne peut transcrire sans dénaturer. Trop de nuances sont indicibles. Décrire une amitié, un amour, c'est déjà les déformer. On peut dire aimer, mais on ne peut que se rapprocher des infinies différences qui font qu'un amour ou une inimitié ne sont jamais tout à fait à un autre pareils. Comment rendre par des mots ce qu'un simple regard ou un sourire à peine esquissé peuvent transmettre ou faire ressentir. Il y a toujours une part d'interprétation de la part du lecteur. Mon interlocuteur avait jugé que mes phrases étaient quelque peu aigres. Cela ne prouve pas qu'elles l'étaient réellement, mais simplement qu'une personne de bonne foi, mais ayant du sang méridional dans les veines, pouvait les prendre pour telles. Je ne m'attardai donc pas beaucoup à la critique, elle est inévitable, mais à la fin de la soirée, je serrai volontiers la main de cet homme qui avait eu la franchise d'ouvrir sa pensée.

Comme nous avions décidé de ne regagner Puerto Williams qu'en fin d'après-midi, dès le lendemain matin, mon ami Tite, infatigable promeneur-lèche-vitrines, s'en donnait à cœur joie, déambulant dans la rue principale, m'entraînant d'un pas lent de trottoir en trottoir, de devanture en devanture. Je le suivais stoïquement, mais de bonne grâce, comme un boy-scout accomplissant sa b.a. quotidienne. En début de nuit nous fûmes de retour à Puerto Williams. Ayant gagné ma couchette je m'endormis soucieux. En cours de route, respirant l'air froid du soir, mon pauvre ami avait été pris de fortes quintes d'une toux sèche, douloureuse. Dans deux jours nous devions partir pour l'île d'Horn. L'aide de Tite m'était nécessaire, mais je craignais pour sa santé. Il était temps d'aller voir un médecin et de suivre un traitement. C'est ainsi que le lendemain matin nous fûmes à l'hôpital. Hélas, mais je le prévoyais, le médecin prescrivit un retour immédiat. Tite devait se mettre au lit le plus vite possible. Quelques heures plus tard, je l'accompagnais à l'aéroport, je me séparais de lui avec regret et tout en souhaitant un proche retour, je l'aidai à gagner l'avion.

Revenu à bord, je me retrouvais une fois de plus seul. Il

me restait une journée pour apprêter les caméras, la pellicule et les accessoires, faire ma valise et mettre le bateau en état de rester seul un temps indéterminé. Je devais aussi mettre mon journal à jour, écrire quelques lettres et expédier le courrier. Bref, il me restait une masse de travail et l'embarquement pour l'île d'Horn était prévu pour le lendemain 16, à six heures du matin.

6

Ile d'Horn, fin janvier 1988

J'avais demandé de pouvoir être déposé sur l'île d'Horn dans le but d'y filmer une tempête vue de terre. Ce qui m'intéressait avant tout, c'était de capter la puissance de la mer en la filmant là où la remontée des fonds hérisse la houle et cerne la terre agressée des écumes de sa colère. En me rendant à l'embarcadère où devait être amarré le *Tronador*, je me demandais à quelle classe de bateaux il pouvait bien appartenir. Était-il grand, ou de modestes dimensions? Vieux ou de construction moderne? Bien entretenu ou souillé par les gaz d'échappements de moteurs mal en point? Je ne devais pas attendre longtemps avant d'être fixé. Le *Tronador* était petit, laid et sale. Il s'identifiait parfaitement à l'image d'un cube flottant : aussi haut sur l'eau que large ou long. Insignifiant, dans la grisaille de l'aube, je ne lui découvris aucune caractéristique engageante. Cela n'avait finalement pas grande importance, il allait me conduire à l'île d'Horn et c'était bien le principal. Mon matériel et mes valises, acheminés la veille par une camionnette de la base, avaient été déposés dans une coursive de la vedette lance-torpilles à contre-bord de laquelle était amarré le *Tronador*. Aidé par l'équipage, je me mis en devoir de le porter sur mon transporteur où le personnel lui assignait une place sur le pont. Le départ était prévu pour six heures. J'étais arrivé le premier et eus, un moment, l'illusion d'être le seul passager. Toutefois au fur et à mesure que l'heure d'appareiller approchait, d'autres compagnons de voyage arrivèrent : quelques électroniciens britanniques occupés à installer une station de télécommunications sur l'île Wollaston et dont le matériel était chargé en pontée; deux pilotes et deux représentants de la sûreté nationale devant opérer à bord d'un navire de tourisme grec l'*Eliria*, venant de l'Antarctique et se rendant à Punta Arenas.

Le capitaine apparut vers cinq heures quarante-cinq. Il me fut tout de suite antipathique. Sans avoir la correction de saluer, il me reprocha d'encombrer le pont avec mon matériel. Je ne pris pas la peine de lui dire que personne ne m'avait encore indiqué où devaient être rangés mes paquets et valises, mais mon regard devait être suffisamment interrogateur pour qu'il me fasse signe que la place des bagages était à l'arrière et en bas. Sans doute devait-il avoir remarqué que sa conduite peu avenante m'avait heurté, mais il n'eut aucune réaction apaisante. Il me donnait à penser que l'obligation de prendre tout ce monde à son bord lui était insupportable. Aussi se rendit-il immédiatement au poste de pilotage, ferma la porte derrière lui, laissant ses passagers l'haleine fumante battre des pieds sur les tôles d'un pont humide et froid. Deux passagers arrivèrent encore en dernière minute, puis, soudain, le régime des moteurs fut poussé et le *Tronador* s'arracha du quai. Le cube était en route. En sortant du canal Beagle nous passâmes à proximité de l'épave du *Logos* dont le naufrage ne datait que de quelques jours. Triste image que celle d'un navire que l'âme a quitté.

L'*Eliria*, avec lequel la liaison radio avait été établie, fit savoir qu'il avait du retard sur l'horaire prévu. Afin de l'attendre, notre commandant décida de jeter l'ancre dans Caleta Carlos, un belle petite baie au nord de l'île Nueva. Un grand nombre de marsouins faisaient escorte au *Tronador*. J'avais tenu une caméra à portée de la main, mais devançant mon intention, le commandant m'avisa sèchement qu'il était interdit de filmer. Ne remarquant rien de particulier, je me demandais ce qui pouvait bien justifier cet interdit. Néanmoins il fallait bien que je me conforme à la volonté de l'autorité, regrettant toutefois de ne pouvoir agrémenter mon film d'un peu de vie naturelle. Quand l'*Eliria* fit savoir qu'il arrivait à proximité, il était temps de lever l'ancre. La manœuvre de débarquement des pilotes ne prit que quelques minutes, nous permettant de poursuivre rapidement vers le cap Ross, extrémité ouest de l'île Wollaston où devaient débarquer plusieurs personnes ainsi que quelques grandes caisses de matériel. Ne comptant plus sur la collaboration du commandant pour me permettre de filmer le déchargement de mon propre matériel à l'arrivée sur l'île d'Horn, je pris ma caméra pour filmer les manœuvres de déchargement présentes. Je n'eus pas le temps de fixer le zodiac chargé dans le viseur que d'un geste brusque, l'irascible officier m'opposait un nouveau refus. Acceptant mal l'arbitraire, je lui fis remarquer que j'étais là en temps que cinéaste et que le débarquement du matériel était le début logique de la séquence à tourner sur Horn. Mais rien n'y fit. Mon persécuteur restait inflexible. Je suis certain que cet officier agissait de sa propre initiative : j'avais reçu des autorités supérieures toutes les autorisations nécessaires pour filmer sans restrictions. En réalité, il rendait un mauvais service à son pays en concourant, inutilement, à lui donner une image négative. Heureusement l'accueil sur l'île d'Horn allait être d'une autre nature.

Nous y arrivâmes en fin de journée, par temps favorable. Si les conditions climatiques le permettent, on débarque, en baleinière ou en annexe gonflable, sur une petite plage de galets, dans Caleta Leone, une petite échancrure près de la pointe sud-est de l'île. De la plage, un escalier construit tant bien que mal à même la paroi verticale fait accéder à un premier niveau, haut d'une cinquantaine de mètres. A partir de celui-ci, un tracé boueux, jalonné de planches permettant de traverser les fondrières les plus profondes, gravit une pente abrupte d'une longueur de quelque 600 mètres. Ce tracé mène au P.V.S. (poste de vigilance et de sécurité) qui est situé à une centaine de mètres au-dessus du niveau de la mer. Ce poste se compose d'une habitation corps de logis et de différentes dépendances qui abritent : les groupes électrogènes, l'installation radar, les réserves de carburants, etc.; constructions en bois, rudimentaires, visiblement réalisées par des hommes de troupe plutôt que par des charpentiers de métier. L'installation du poste se complète par une station météo, équipée des instruments de mesure classiques. L'eau potable vient du ciel, les jours de pluie et est recueillie dans des tambours de deux cents litres ayant contenu de l'huile à l'origine. Cet ensemble un peu hétéroclite, contraste avec la construction rustique, mais soignée, d'une petite chapelle dédiée à la Vierge, implantée un peu à l'écart, pour permettre un recueillement à l'abri du bruit des groupes électrogènes.

Le P.V.S. occupe trois personnes : un chef de poste et deux compagnons spécialisés, c'est-à-dire, un radariste et un opérateur radio. Le chef de poste ne jouit pas d'un régime préférentiel et prend son tour de garde comme les autres. Le travail consiste à assurer une veille ininterrompue sur les fréquences de détresse : canal 16 en V.H.F. et 2 182 Kc en H.F.; à relever toutes les trois heures, soit à deux, cinq, huit, onze, quatorze, dix-sept, vingt et vingt-trois heures, la pression barométrique, le taux d'hygrométrie, la température sous abri, la direction du vent et sa vitesse, la distance de visibilité, l'état du ciel et la nature des précipitations éventuelles. Ces données sont alors transmises à un centre météorologique qui collecte les informations d'un ensemble de postes et établit les cartes synoptiques et prévisions à l'usage des navigants. Le poste assure également une veille visuelle, complétée par une recherche au radar, identifie les navires de passage, fournit à la demande des indications sur la météo, les conditions de navigation et, d'une façon générale, coordonne les besoins ou détresses éventuelles.

Lorsque le zodiac du *Tronador* me déposa sur les galets de caleta Leone, les trois occupants du P.V.S. m'attendaient pour aider à décharger le matériel et les bagages. Après de chaleureuses salutations, commença la longue et pénible ascension vers le poste. Privilège de la jeunesse, Faro, Piro et Chico, mes nouveaux compagnons, se chargèrent de ce qu'il y avait de plus lourd. Plusieurs voyages furent nécessaires, car j'avais aussi dû prendre des vivres pour une période indéterminée. Comment aurais-je pu la prévoir ? il fallait attendre la prochaine tempête et ensuite une période calme propice au rembarquement.

Je remarquai immédiatement que le travail de prises de vues allait être très difficile. Le sol de l'île était constitué d'une tourbe spongieuse dans laquelle on s'enfonçait jusqu'aux chevilles et il fallait, de plus, une fois sorti du sentier d'accès, se frayer un chemin dans une végétation dense d'arbustes et de hautes herbacées. En outre, le poste était érigé sur une hauteur et, tout naturellement, du côté protégé de l'île, alors qu'il allait falloir filmer à même le niveau de l'eau et du côté au vent de l'île. Bref, je me rendai parfaitement compte que mon tournage n'aurait rien de commun avec celui d'un défilé de mode chez Chanel. Heureusement que mes compagnons se sont dévoués sans compter. Je leur dois une fière chandelle et quelques très spectaculaires images. Mais n'anticipons pas; faisons d'abord leur connaissance.

Faro était le chef de poste. Ses références dans la spécialité étaient assez nombreuses et bien qu'il n'eût pas encore atteint la trentaine, il avait fait partie du personnel de pratiquement tous les phares chiliens : depuis celui de Cabo Raper, sur la péninsule Tres Montes, jusqu'à celui des Evangelistas à l'entrée ouest du détroit de Magellan. Cette grande expérience lui valait son surnom : Faro (phare). Par son amabilité spontanée et sa façon positive de résoudre les petits problèmes du service, il m'avait immédiatement inspiré une grande sympathie. Les autres n'étaient pas en reste d'ailleurs. Jeune marié depuis quelques mois, Faro n'avait encore passé que quelques jours avec son épouse et je le surpris parfois à rêver l'œil mi-clos, un sourire aux lèvres. Il ne faut pas nécessairement longtemps pour se faire des souvenirs! Piro le radariste, père depuis peu, semblait moins bien accepter d'être séparé de sa famille. Il faut dire que les occupants du poste sont isolés durant trois mois et reprennent un autre P.V.S. après avoir passé un mois en famille. Sur un an, cela fait neuf mois à l'extérieur pour trois mois chez soi. C'est peu pour créer une famille réellement unie. Néanmoins, Piro ne ronchonnait pas tous les jours et était toujours disposé à m'accompagner, le lourd quadripode sur le dos. Chico, le moins âgé de tous, était célibataire et apparemment décidé à le rester encore pour un temps. La vie des postes semblait lui convenir parfaitement.

D'un naturel peu communicatif, il ne parlait pas de sa vie privée, peut-être d'ailleurs n'en avait-il pas encore une. Toujours prêt, il aimait rendre service et sans se manifester beaucoup, m'emboîtait allégrement le pas, portant ce qu'il y avait de plus pesant.

Il y avait aussi deux chiens. Ils logeaient dehors et se nourrissaient en partie de manchots (les restes de vivres laissés par les trois occupants ne pouvant combler leur appétit). Heureusement, ils ne partaient à la chasse que tenaillés par la faim. Rassasiés, ils vivaient en bonne entente avec la faune. Les jours maigres ils œuvraient à deux, l'un attaquant le manchot de front, l'autre l'attrapant au cou en venant par derrière. Les manchots creusaient des nids aux abords de la mer, mais il était courant d'en rencontrer dans les environs immédiats du poste c'est-à-dire à cent mètres de hauteur. Il n'y a guère de justice sur terre : c'est en général parmi ces vaillants alpinistes que les chiens cherchaient leur victime.

Extrait condensé de mon journal :

16 janvier
Vers dix-sept heures, arrivée à l'île Horn. Filmé Faro, Piro et Chico montant l'escalier avec les bagages.
17 janvier
Levé tôt. Filmé un peu à partir de la fenêtre à l'arrière du bâtiment. Tourné quelques séquences de paysages. Excellente relation avec le personnel. Le soir, vu un documentaire sur la province de Magellan. Enregistrement d'une émission T.V. repiquée sur cassette vidéo.
18 janvier
Filmé dans l'après-midi le passage du *World Discoverer* devant le cap. Temps variable, pluie.

19 janvier

Dès le matin parti filmer la chapelle avec Faro. Travaillons toute la matinée. A midi, bon déjeuner préparé par Chico. Excellente soupe et des spaghetti. Dans l'après-midi excursion pour trouver un endroit accessible et convenant aux prises de vues de gros temps. En fin d'après-midi, accompagné Faro et Piro à la plage où ils avaient à consolider l'escalier. Toujours pas de gros temps! la matinée est belle et calme. Après le déjeuner : bourrasques avec chutes de grêle. Vent d'ouest 30 nœuds. Au soir, vu un film assez débile sur l'importance du feu au temps de l'homme des cavernes.

20 janvier

Me suis levé plus tard ce matin. Progressivement je m'adapte aux horaires du poste. Appris ce matin que le café soluble va bientôt manquer. Pour ne pas entamer les faibles réserves de la station je boirai désormais du thé dont je m'étais muni. Nettoyé les caméras et tourné quelques plans de coupe : des herbes dans le vent, l'anémomètre tournant à toute allure. Aujourd'hui le vent souffle assez fort, mais la mer ne me paraît pas encore suffisamment formée pour que les images soient vraiment spectaculaires. Après le déjeuner Piro, Chico et les chiens m'accompagnent. L'un porte la caméra Eclair, l'autre le pied. Je porte la Bolex 2 et quelques accessoires. La pluie gêne beaucoup : les objectifs se mouillent. La mer malgré le vent fort paraît peu puissante. Nous rentrons trempés. Au soir j'ai pu faire d'excellents enregistrements de vent. Peu après, moment de lecture (Darwin et la *Beagle*). Les chiens ont boulotté un manchot pendant que nous tentions de filmer la mer!

21 janvier

Levé à huit heures, temps gris, rafales, pluie. Petit déjeuner avec thé, pain, confiture. Filmé un peu dans la matinée. Après-midi sans grande activité. Je bavarde un peu avec Piro, les autres dorment encore. A 15 heures Chico apparaît. Je remarque que les provisions du poste sont calculées un peu juste. Pas de viande. Aucun moyen de conservation, ni congélateur, ni simple frigo. Distractions peu variées quelques revues et vidéocassettes souvent relues ou revues. Il y aurait intérêt à améliorer le confort du personnel. Les amis du poste insistent pour que nous allions filmer au bord de la falaise. Je ne suis pas très décidé. Il fait mauvais, la marche est longue, mais à la réflexion je me dis que si eux, qui n'ont pas la nécessité de le faire, me proposent de sortir, ce ne serait pas bien de ma part de refuser. J'accepte donc et après avoir rassemblé le matériel, nous nous mettons en route. L'approche est difficile, la tourbe est très glissante et plusieurs fois je m'étale de tout mon long, mais une fois arrivé au bord de la falaise les peines s'effacent : le spectacle est sensationnel, exactement ce que j'espérais pouvoir filmer. Une fois de plus je remarque qu'il faut être volontaire. Je suis reconnaissant envers mes compagnons pour m'avoir poussé à partir et content de ne pas avoir laissé échapper cette magnifique occasion de faire du bon travail. Au soir, des crêpes, fameuses! Très bonne journée.

23 janvier

Levé à huit heures. Après le petit déjeuner je tente d'enregistrer encore le bruit du vent, mais la qualité n'est pas bonne. A refaire! Je m'ennuie un peu, le travail étant terminé j'aimerais rejoindre mon bateau.

7

Punta Arenas, février 1988

On n'exige pas de ses amis qu'ils soient parfaits. Si on devait le faire, on n'en aurait pas et, de même, personne ne solliciterait notre propre amitié.

Non, nous savons tous que, jugeant d'après nos critères personnels, nous trouverons des imperfections dans chaque caractère. A moins de heurter fondamentalement l'âme, des petites différences dans la façon de penser ou d'être n'entravent pas réellement l'éclosion ou la pérennité d'une affection, car l'amitié ou la sympathie ne se fonde pas nécessairement sur l'ensemble d'une personnalité. Maintes fois, ce ne sont que quelques traits de caractère, de comportement ou d'aspect qui font naître le courant affectif et souvent même ces légères divergences de l'individualité le nourrissent. Dieu merci, il ne me paraît dès lors nullement contradictoire de ne pas m'accorder entièrement avec un ami et de le lui dire, le cas échéant, quelles que soient par ailleurs les affinités qui nous unissent.

Si j'ai cru devoir écrire ce préambule, c'est que j'aimerais pouvoir commenter librement les trop rares opportunités qui m'ont valu le plaisir d'accueillir des amis à bord, sans rien cacher, mais aussi sans donner à penser inutilement que mon amitié pour les uns et les autres ait souffert des éventuelles divergences rencontrées au cours des jours de vie commune. Plusieurs amis sont restés plus d'un an à bord : tout le monde comprendra que sur une aussi longue période, de temps à autre des désaccords se font jour. Les cacher équivaudrait à tronquer vainement la vérité et, à moins qu'ils touchent à la stricte intimité, je ne vois aucune raison de les passer sous silence. Au contraire, en n'ayant pas altéré l'amitié, ils en démontrent la profondeur réelle. Croyez-moi, une affection qui résiste à quelques mois de vie commune, intégrale et ininterrompue, telle qu'elle se déroule à bord d'un petit navire, est apte à durer toute une vie.

C'est en revenant à Puerto Williams et en fixant ma pensée sur la prochaine étape de mon périple que j'en étais venu à réfléchir sur les implications de l'amitié. Dans quelques jours j'allais naviguer en compagnie de Mito et de Pedro dont l'arrivée à Ushuaia était prévue pour le 4 février. J'ai déjà décrit la longue amitié qui me lie à Mito. Elle m'est précieuse et j'aimerais beaucoup la conserver. Mais je sais depuis notre voyage à la péninsule Valdes, qu'à côté de très larges identités de vues, nous avons aussi des tempéraments qui tout naturellement divergent d'une façon ou d'une autre. Mito aime se sentir actif. Dans les prises de vues d'animaux où il faut savoir attendre sans agitation qu'ils s'habituent à une présence étrangère, je le sentais impatient, contenant difficilement une vitalité débordante, prêt à faire 200 kilomètres pour finalement se trouver dans les mêmes conditions devant d'autres animaux. Cela me gênait dans mon travail, mais n'en disais rien pensant que Mito, qui avait eu la gentillesse de me conduire dans sa voiture, devait, évidemment, lui aussi pouvoir profiter de notre séjour sur la péninsule.

La soirée mettait automatiquement fin aux prises de vues et nous nous retrouvions détendus sur les terrains de nos affinités, parlant des choses de la vie, commentant à l'occasion l'excellence du repas ou la robe d'un bon vin. Les petites tensions quotidiennes étaient le prix de ces moments privilégiés et je l'acquittais volontiers.

A bord les choses se présentent d'une façon un peu différente. Ma première tâche est de garantir la sécurité du bateau, c'est-à-dire de laisser le moins de circonstances possible au hasard. Cela m'oblige parfois de me montrer intransigeant dans l'observance de certaines règles. Je n'en suis pas toujours conscient, car mon comportement m'est naturel. Il n'est pas motivé par un désir de faire mieux que d'autres, mais trouve tout simplement sa source dans les expériences vécues antérieurement. Il ne peut faire de doute que les nombreuses années de navigation et la recherche d'une sécurité dans un milieu aussi caractéristique m'ont inculqué un nombre d'attitudes qui me sont devenues familières et faciles à observer, mais qui pour d'autres, moins conditionnés, pourraient quelques fois sembler d'une rigueur exagérée. Par ailleurs, j'ai déjà eu l'occasion de dire que *Williwaw* n'a pas été conçu pour une navigation en groupe. La cabine où sont réunis les instruments de navigation est séparée de la partie habitable du bateau. Cette cabine est petite et permet malaisément à deux personnes de s'y trouver en même temps. J'avoue que je n'aime pas la partager : tout y est rangé de ma main et j'ai toujours peur qu'une erreur dans la manipulation d'un émetteur, du radar ou d'un autre appareil dont le mode d'emploi exige certaines précautions, ne provoque une panne dont la réparation peut, spécialement dans ces régions isolées, poser de grands problèmes. Bref, comme la navigation dans les chenaux étroits de la Patagonie limite forcément les manœuvres de voiles, je me rendais parfaitement compte que le louable besoin d'action de mon ami n'aurait peut-être pas toujours la possibilité de s'exprimer entièrement. Désirant évidemment lui offrir un séjour agréable, j'espérais que cette lacune n'allait pas être trop intensément ressentie.

Je connaissais par contre très peu Pedro Margalot. Il avait été l'ami du regretté Patrick Van God lors de ses passages à Buenos Aires. Capitaine au long cours, habitué des mers australes, c'était lui qui avait décidé Patrick et Wendy à descendre vers le cap Horn en hiver et de ne pas manquer de mouiller, en passant, leur *Trismus* à Puerto Hoppner, une ravissante baie de l'île des États. Lorsque, peu avant de quitter Buenos Aires, il vint me trouver à bord, je n'ignorais pas ses bons rapports avec Patrick et par amitié pour la mémoire de cet ami navigateur trop tôt disparu, je considérais Pedro avec sympathie. Quand Mito, auquel j'avais fais part de la rencontre avec Pedro, m'apprit que le capitaine Margalot était un de ses vieux amis, j'avais une raison de plus d'en être satisfait.

Étant tous deux radioamateurs, Pedro et moi devions nous retrouver sur les ondes et c'est ainsi qu'incidemment, au cours d'un des nombreux contacts préparant l'arrivée de Mito, j'avais assuré Pedro qu'il était également bienvenu à bord. Ce n'était certes pas tombé dans l'oreille d'un indécis, d'emblée il me prit au mot et j'avais alors à préparer le bateau pour recevoir deux compagnons.

La veille de l'arrivée des amis à Ushuaia, j'ancrais *Williwaw* dans la rade. Le *Nouani* n'était plus là et comme je ne connaissais personne à bord des quelques bateaux mouillés à proximité, j'étais satisfait de pouvoir dormir tôt car je devais me lever de bonne heure pour dégager autant de place que pos-

1. Dans ce chenal débouche un bras : seno Ocasión, qui mène à un splendide mouillage taillé dans le granit : caleta Brecknock.

2. Escale dans la baie Soffia, en route vers Puerto Williams. Tite était parti à la recherche de moules.

3. Arrivée à l'île d'Horn.

4 – 5. Ile d’Horn. La chapelle de l’île.

6. Pingouins de l'île d'Horn.

7. Splendide navigation et reconnaissance dans le seno Chico, un bras de mer naissant sur la côte sud du canal Cockburn. Deux magnifiques glaciers y créent des sites d'une beauté naturelle remarquable.

8. Evangelistas. Le phare est édifié sur un roc battu par l'océan, à l'entrée ouest du détroit de Magellan.

9. Après avoir quitté Evangelistas, le *Yelcho* a fait route vers le phare Félix qui balise la rive sud du détroit. Implanté sur un îlot débordant la grande île Desolación, il est naturellement mieux protégé de la mer et plus facilement accessible. On recense près de cinq cents phares et balises lumineuses au Chili.

10. J'ancrai ce soir là dans caleta Bourgoyne... J'étais content de changer de cap après cette longue incursion dans le lit des vents d'ouest.

11. Baleines jubartes près des côtes de l'île Chatam... Leurs mouvements près de la surface et le chant caractéristique qui les accompagnait me firent penser à une parade d'amour.

12. Vers l'île Guarello. Avançant vers l'océan, on est frappé par la couleur bleu ardoise des sommets arrondis qui se reflètent dans les eaux du canal.

13. Valdivia. Je remontais le Rio Valdivia, au cours de l'après-midi du premier jour de juin. Le fleuve offrait un paysage coloré d'infinies nuances...

sible. Ce n'était pas une tâche aisée, mais il fallait bien que je comprime le contenu des armoires pour permettre à mes équipiers de ranger leurs affaires. L'avion arriva avec un léger retard. Le regard fixé sur la porte en haut de la passerelle, je n'eus pas à attendre longtemps avant de voir apparaître la haute stature de Mito derrière laquelle Pedro ne pouvait apparaître. Les retrouvailles furent chaleureuses et les amis s'installèrent à bord dans la joie générale. Le soir nous dînions au restaurant. L'appareillage était prévu pour le lendemain. Par une aberration administrative qui illustre bien la tension latente qui oppose l'Argentine et le Chili, il n'est pas permis de faire escale à Ushuaia et de poursuivre normalement vers l'ouest. Il faut obligatoirement retourner à Puerto Williams pour refaire les formalités d'entrée au Chili et passer au large d'Ushuaia en évitant d'entrer dans les eaux argentines de la rive nord du Beagle, sans quoi on n'en finirait pas de devoir rebrousser chemin.

Nous arrivâmes à Puerto Williams, le samedi 5 février vers midi et amarrions à couple de l'*Anna IV*, un ketch enregistré à Londres. Dans la soirée, les jeunes occupants, Amanda et Marc Wilson, nous invitèrent à leur bord et nous passâmes un très agréable moment en leur compagnie. Amanda se montra d'emblée douée d'une gaieté naturelle, réjouissante. Dotée de cet humour anglais plus cérébral que démonstratif, elle accompagnait ses bons mots d'un regard amusé, laissant deviner l'ironie sous-jacente de ses propos. Nous étions tous sous le charme et à peine revenus à bord, les immanquables allusions, innocentes et fantaisistes, mais entretenant un climat de complicité amicale, fusèrent de toutes parts, l'un créditant l'autre d'intentions de conquête. Éternel recommencement : Amanda avait pris la suite de madame Boels!

Et Marc dans tout cela? Il nous avait aimablement servi du vin et du fromage. Moins communicatif que son épouse, il était resté un peu en retrait de la conversation, mais il avait certainement pris, lui aussi, plaisir à la tournure joyeuse de cette rencontre et peut-être avait-il remarqué avec satisfaction le charme rayonnant de son Amanda. Ici je m'avance : en réalité, je n'en sais rien. Mais les hommes sont souvent pareils : ils aiment faire envie.

Le lendemain dimanche, nos voisins larguèrent les amarres de bonne heure. Nous n'étions pas prêts. Mes compagnons, tout en voulant connaître un peu plus de Puerto Williams, désiraient assister à la messe. Étant moins religieux, mais pas pour cela moins croyant, je m'occupai entre-temps des formalités administratives et apprêtai le bateau pour ce nouveau départ.

Comme je devais retourner à Punta Arenas pour permettre aux amis de prendre l'avion, nous allions faire en sens inverse le trajet qui m'avait conduit à Puerto Williams. J'espérais qu'une météo plus favorable nous préserverait des pluies quotidiennes qui avaient alors tant gêné les prises de vues. Heureusement, nous avions cette fois plus de temps disponible : Mito désirait rejoindre son épouse, en vacances à Bariloche, vers la fin du mois et Pedro était encore moins pressé. Nous pouvions donc, éventuellement, attendre le soleil là où j'aurais aimé filmer.

Ce dimanche soir, nous comptions ancrer dans la baie Yendegaia, premier refuge après avoir franchi la frontière argentine. Un peu avant de quitter l'axe du chenal, nous apercevions une voile loin en avant de nous. Ce devait être celle de l'*Anna IV*. Il avait déjà dépassé l'entrée de Yendegaia et poursuivait apparemment sa route vers un mouillage situé plus loin vers l'ouest. Bien entendu, nous nous accusions mutuellement de frustrations imaginées. Interjections gentiment perfides, mais toujours accompagnées d'un clin d'œil amical...

Nous étions ancrés depuis un moment déjà, lorsqu'une voix au dehors nous interpella. Par un hublot du carré je pus voir l'*Anna IV* s'approchant : « Mais bon Dieu, c'est Marc! Allez Pedro, voici Amanda qui se languit de toi! »

D'un bond nous fûmes sur le pont. Marc expliqua qu'il était revenu, car Amanda aurait aimé acheter de la viande à l'Hacienda sise au fond de la baie. Si nous en voulions également, ils pourraient nous en rapporter. Nous étions évidemment heureux de profiter de cette aubaine. Pour être plus près de la ferme, Marc alla mouiller à un demi-mille de nous, plus loin dans la baie. Dommage!

Comme il n'était encore que dix-sept heures, nous mîmes le canot à l'eau dans le but de faire une petite excursion à terre. Pedro et Mito y allèrent, je restai de garde à bord. L'heure avait bien progressé quand mes compagnons revinrent. Je ne sais qui émit l'idée que plutôt d'obliger Marc à venir nous apporter la viande, il serait plus convenable d'aller la chercher par nos propres moyens. C'était évidemment plus normal, nous étions trois et avions un canot disponible. Mito et moi irions, Pedro garderait le bateau. Lorsque nous rejoignîmes l'*Anna IV*, il n'y avait personne à bord. Vraisemblablement Amanda et Marc étaient encore à la ferme : « Allons-y », dit Mito.

J'objectai que nous étions à deux milles (3 704 mètres) de distance et que nous n'avions pas pris assez d'essence pour aller jusque-là.

« Oh! ces petits moteurs ne consomment presque rien, je le sais bien, j'ai à peu près le même. »

C'était mal connaître mon petit moteur anglais dont le dessin était issu de la guerre de 1940, avec comme exigence principale : la simplicité. Et simple, il l'était : aucune fioriture, ni embrayage, ni marche arrière et seule une cordelette en guise de démarreur, mais pour la consommation d'essence et d'huile, c'était plutôt l'abondance!

« Et si on n'a pas assez d'essence, et bien on ramera. Il faut un peu d'aventure dans la vie, que diable! »

Mon ami me posait un problème. Je savais ne pas avoir suffisamment d'essence et je me rendais parfaitement compte que couvrir deux milles à la rame, dans une annexe chargée, n'est pas une mince affaire. Mais Mito parlait avec un tel enthousiasme que je ne voulais pas le contredire, curieux de voir comment il allait se tirer d'affaire. Ramer une grande partie de la nuit, peut-être devoir la passer à terre sans abri si le vent devait se lever, c'était en effet une aventure, mais elle n'était en rien insurmontable : nous étions simplement peu préparés à lui faire face. Néanmoins, j'étais prêt à aller de l'avant pour ne pas contrarier le désir de Mito et j'aurais pris un réel plaisir à le voir aller au bout de sa résolution.

Nous allâmes donc. Arrivé en vue de la ferme, le moteur toussa un bon coup et s'arrêta. Nous étions à sec d'essence. Le canot toucha le fond à plusieurs centaines de mètres de la côte. Comme nous n'avions pas prévu de mettre des bottes, nous ne pouvions gagner la terre. Cela n'avait d'ailleurs pas d'importance : le zodiac de Marc n'était pas là. Ils avaient donc déjà quitté la ferme. Mais comment se pouvait-il que nous ne nous soyons pas croisés?

Quant à nous, nous étions maintenant à quatre kilomètres et demi de notre bateau et il fallait le rejoindre à la force des bras. Mito proposa de ramer chacun dix minutes. Peu importait la durée, quelle qu'elle soit, je l'aurais acceptée volontiers. Mon ami s'était mis dans une situation peu confortable, il fallait que je lui laisse toutes les chances de s'en sortir. Nous ramâmes donc, nous relayant, de dix en dix minutes. Au début tout paraissait facile, mais au bout d'une heure les coups de rames devenaient moins soutenus. La conversation s'était tue. La pénombre rendait l'estimation des distances difficile. Ce qui paraissait proche ne semblait plus se rapprocher. Nous avions la pénible impression de faire du surplace. Heureusement, le vent restait faible et Mito faisait parfaitement face à notre problème. Il me paraissait néanmoins clair qu'il se rendait compte d'avoir sous-estimé la réalité.

« Nous y serons bientôt », disait-il.

Mais je devais le contredire :

– Hélas, non Mito. Il reste encore plus des deux tiers à couvrir et voilà deux heures déjà que nous ramons.

– Derrière ce cap nous aurons l'*Anna IV* en vue.

– Non Mito, nous ne sommes pas encore suffisamment près pour voir le bateau et de plus il fera nuit dans une demi-heure.

Et inlassablement le bruit rythmé des rames touchant l'eau rompait le lourd silence de la nuit tombante.

Tout à coup nous entendîmes le ronflement d'un motcur hors-bord.

– C'est Marc! Nous sommes sauvés, dit Mito.

– Je ne vois pas en quoi nous sommes davantage sauvés en voyant Marc, nous n'allons tout de même pas lui demander de nous aider. Nous avons voulu l'aventure, nous allons la vivre jusqu'au bout.

Mais Mito avait déjà hélé Marc :

– *Can't you give us a tow*?

Ah non! ça je ne l'admettais pas. Ce n'était plus de l'aventure. Appeler à l'aide pour se sortir d'une situation dans laquelle on s'est volontairement placé s'opposait directement à ma façon de voir les choses, mais Mito, ici, apparemment moins lié à des principes rigides et par conséquent plus librement opportuniste, jugea qu'il ne faut pas se punir inutilement et que la peur de perdre la face au regard de tiers est souvent la justification réelle de ceux qui refusent de se faire aider. Tout en acceptant, du moins en partie, le bien fondé de l'argumentation de mon ami, je me rendis compte, une fois de plus, de combien chacun possède sa propre vérité et une fois encore cela me rappela opportunément qu'une divergence de vue ne saurait être blâmable tant qu'elle repose sur la bonne foi.

Je laissai donc les événements suivre leur cours : Marc prit la remorque et nous ramena à bord de son bateau, nous remit la viande – cherchée en partie par voie terrestre, ce qui expliqua que nous ne nous étions pas croisés – et une bouteille d'essence pour regagner *Williwaw* dans la nuit.

Le retour à bord ne fut pas glorieux. Pedro avait été très inquiet de notre longue absence et, dans le doute, avait alerté Marc par radio, ce qui l'avait déterminé de partir à notre recherche. Tout normalement les animosités s'apaisèrent et nous prîmes rapidement le parti de rire de l'aventure manquée. Mito, dont le grand désir d'entreprendre s'était déjà révélé désastreux dans la cuisine, en récolta un surnom et devint notre cuisinier aventureux.

Le lendemain Pedro agrippait malencontreusement la buse du poêle en voulant redresser un équilibre chancelant. La brûlure était profonde et couvrait une grande partie de la paume de la main gauche. Je regrettais beaucoup ce contretemps : les amis m'avaient rejoint pour passer d'agréables moments et non pas pour se faire du mal. Mais je ne pouvais hélas rien y changer. Il faut savoir que Mito et Pedro ont leur propre voilier et naviguent couramment. Ils sont donc loin d'être des novices et il leur est peut-être difficile d'abandonner une partie des automatismes acquis. A bord d'un bateau différent, tout normalement, beaucoup de nouvelles habitudes doivent être apprises. Cela n'est pas toujours facile à faire admettre et si je n'avais pas peur d'exagérer dans le cas présent, je dirais qu'un conseil est souvent mieux reçu par un jeune qui ne sait rien, que par un adulte qui croit savoir.

Un autre incident, étranger au bateau, mais lié au climat démontre bien que des conditions nouvelles exigent leur apprentissage. L'accroc eut lieu quelques jours plus tard dans caleta Ocasión. Nous y arrivâmes en fin d'après-midi : le temps était ensoleillé, la marée basse. Dans le chenal d'accès, nous remarquâmes qu'un cordon de moules, fourni et ininterrompu, tapissait les parois de granit dont le chenal était prisonnier. Enthousiastes, nous décidâmes de mettre le canot à l'eau afin que Pedro et Mito puissent aller en cueillir un seau. Dans le même temps, j'installerais la caméra et les filmerais à l'œuvre.

Ainsi fut fait. Revenu à bord Mito se plaignit d'avoir eu les pieds trempés. Dans son ardeur à garnir le seau des plus belles moules, il s'était avancé dans une eau qui était plus profonde que la hauteur de ses bottes : « Cela n'a pas d'importance, dit-il, un peu d'eau ne fait pas mal. » Et c'est sans doute vrai à Buenos Aires où l'eau du Rio n'est jamais très froide; mais ici ce n'est pas pareil, nous allions hélas devoir le constater.

Le bateau ancré, les moules nettoyées : Mito se sécha et mit d'autres chaussettes. Il avait froid : « Je boirais bien un petit whisky », me dit-il : « Je vais te servir cela... et je t'en sers un également Pedro? »

Mito vida son whisky d'un trait en disant : « cela fait du bien », et avança son verre pour que je le remplisse. Il but également le second cul sec : « Eh, vous autres, vous ne buvez pas? »

Mito avala son troisième whisky.

Entre-temps, le poêle étant allumé, j'avais commencé la cuisson des moules. L'odeur de l'oignon suant, mélangé à l'arôme marin dont était chargée la vapeur que laissa échapper la casserole, aiguisait agréablement les appétits. Puis on se mit à table. Mito qui aime bien manger se régalait. Pourtant le repas à peine commencé, il émit le désir de sortir pour prendre l'air. Il ne se sentait pas bien et nous remarquions en effet sa pâleur. Pedro se leva pour le laisser passer et Mito monta les marches de l'escalier. Soudain, arrivé en haut, il perdit connaissance et tomba en arrière, inerte à même le sol du carré. D'un bond Pedro et moi nous fûmes à ses côtés. Nous tentions de l'étendre en évitant de le relever. La jambe droite était pliée sous le corps. Heureusement, le porte-sac-poubelle en plastique qui se trouvait en bas de l'échelle avait amorti la chute en se brisant. La syncope dura près d'une minute puis le visage rougit visiblement, Mito reprit conscience.

Toujours courageux et volontaire, il nous repoussa en disant : « Cela va maintenant » et grimpant l'échelle, alla s'asseoir à l'air sur le pont. Petit à petit une douleur à la cheville perça l'inconscient. Le pied était gonflé. La chute avait provoqué une entorse : « Ah! ce n'est pas grave, dit Mito,dans un jour ou deux on n'en parlera plus! »

Jugement très optimiste : une entorse sérieuse – et à voir le pied gonflé, elle l'était – nécessite au moins une quinzaine de jours d'immobilisation.

Ce contretemps me troubla beaucoup. J'aurais aimé être tranquillisé sur la cause profonde qui engendra la syncope de Mito. Pour lui et Pedro, la lipothymie n'avait qu'une importance relative : elle était due, pensaient-ils, au froid et à l'alcool ingéré. Tout en espérant ardemment qu'ils aient raison, je ne pouvais me défaire de l'idée que ce n'était là peut-être qu'une conclusion hâtive, car si tous ceux qui ont froid perdaient conscience en buvant trois verres d'alcool, les chemins des pays nordiques seraient impraticables.

J'ai déjà souvent écrit que l'expérience personnelle est le fruit d'une observation consciente. Elle n'a de rapport avec l'âge que dans la mesure où les tenants et aboutissants des événements quotidiens sont systématiquement recherchés et inscrits dans la mémoire. Malencontreusement, il n'en va pas toujours ainsi et beaucoup d'entre nous vivent les circonstances de la vie sans qu'elles enrichissent leur expérience, tout simplement parce qu'ils ne recherchent pas – ou pas suffisamment – le pourquoi de ce qui arrive. Ainsi, ce qui venait de se produire comportait certainement des enseignements. Ce ne serait pas convenable de les analyser ici. D'abord parce que d'éventuelles conclusions seraient de nature intime et puis, de toute façon, parce que je ne suis pas qualifié pour les formuler. Reconstituer le mécanisme qui a mené à la perte de conscience est œuvre médicale et elle ne pourrait se faire que par un praticien connaissant l'état physiologique de l'intéressé. Une chose me paraît néanmoins couler de source : quelque part Mito a franchi une limite que j'aimerais beaucoup qu'il connaisse.

A part une incitation générale à la prudence, formulée avec tact pour ne pas heurter davantage ceux que la réalité avait déjà punis dans leur chair et dans leur esprit, je ne pouvais rien faire de plus pour éviter d'autres incidents, sinon restreindre les possibilités d'erreurs en essayant de faire moi-même le plus possible. Cela ne fut guère du goût de mes amis qui désiraient pleinement participer à la vie du bord. Même Mito, pour qui l'immobilité de la cheville était synonyme de guérison, ne put se détacher de l'action et sautillait sans cesse à droite et à gauche, essayant de devancer une intention, un geste. Pedro et moi nous fîmes tout notre possible pour tempérer le zèle de notre handicapé, mais il ne l'entendait vraiment pas de cette oreille. Mon Dieu, que c'était à la fois louable sur le plan de l'amitié et contraire au bien faire.

Toutefois, quand le vin est tiré, il faut le boire! La navigation devait se poursuivre et après une journée de relâche dans caleta Brecknock, nous nous mîmes en route pour arriver en fin d'après-midi, après une magnifique navigation à la voile en remontant le canal Cockburn, dans la petite baie circulaire, au bout du canal Engaño. Le jour suivant fut enthousiasmant. Nous avions décidé, pour donner un peu de piment à nos sillages, d'explorer, à marée basse, le petit chenal encombré d'îlots qui relie canal Engaño au seño Prat. Pedro avait gréé un plomb de sonde et précédait *Williwaw* dans l'annexe, sondant sans arrêt afin d'indiquer le meilleur passage. Le petit chenal était particulièrement pittoresque. Bien abrité des vents, la végétation des îlots et abords était dense. Dans les passages étroits, le soleil perçant les feuillages éclairait les eaux de mille reflets. La nature était complètement vierge et nous étions pour quelque temps de vrais découvreurs. Le passage s'effectue sans peine. A aucun moment nous n'avions sondé moins de 2,90 mètres. Plus tard dans la journée nous ancrions à Puerto Soffia. L'action nous avait réunis fraternellement : Pedro dans le canot, Mito à l'avant et moi à la barre, gouvernant sous leurs indications.

Retenus par le mauvais temps, nous ne quittâmes Puerto Soffia que le surlendemain, mardi 15 février. Une courte navigation nous conduisit à Puerto Imprevisto : un bel ancrage sur la côte sud du canal Madgalena. Le petit havre circulaire doit son nom « imprévu » au fait qu'il ne se découvre qu'après avoir franchi l'étroite entrée derrière laquelle il se cache. Il offre une eau calme bordée de hautes parois de granit. Quelques phoques y ont élu domicile et mêlent, à la période du rut, leurs cris au bruissement des nombreuses cascades qui dévalent les pentes raides qui s'élèvent depuis le plan d'eau. Nous avons trouvé celui-ci assez profond : plus ou moins 30 mètres, mais ceux qui aiment s'amarrer aux arbres pourront le faire en plusieurs endroits et plus spécialement au pied d'une rivière de montagne, sur la gauche, immédiatement au sortir du goulot d'accès. Nous étalons à Puerto Imprevisto une nouvelle perturbation du temps qui nous retiendra, sous une pluie battante, un jour de plus au mouillage.

Le jeudi 18 est à marquer d'une pierre blanche. Splendide navigation et reconnaissance dans seño Chico, un bras de mer naissant sur la côte sud du canal Cockburn. Deux magnifiques glaciers y créent des sites d'une beauté naturelle remarquable. Contrairement à ce qu'annoncent les instructions nautiques chiliennes, nous avons trouvé un excellent ancrage sur fond de vase dure, dans 15 mètres d'eau, situé en face du glacier, au fond du seño. Sans doute est-il encombré de glace à l'époque de la débâcle printanière, c'est probable, mais dès le mois de janvier, il ne devrait plus y avoir d'obstructions, d'autant moins que l'ancrage est vaste. Nous y avons passé une excellente nuit au terme d'une splendide journée en communion avec cette belle nature, reconnaissant aussi, sur la face ouest du seño, le premier glacier rencontré depuis l'entrée, l'approchant de près, en embouquant le petit bras au fond duquel il déverse ses glaces.

Ceux qui naviguent en Patagonie pour la beauté des sites ne doivent pas manquer non plus de visiter le seño Agostini. Celui-ci s'étend au pied de la cordillère Darwin, d'où descendent plusieurs glaciers remarquables. On y accède depuis le seño Keats, dont le cours dirigé vers l'est-sud-est prend naissance dans canal Magdalena, en face de bahia Morris qui est un excellent point de départ. L'ancrage au fond du seño Agostini, surgidero Mentiroso, s'est avéré très ouvert et dangereux. Il faut donc prévoir la possibilité de faire, de jour, un aller et retour dans le seño afin de pouvoir atteindre, avant la tombée de la nuit, le très bon ancrage de caleta Escandallo dans canal Martinez. Nous avons tous pris un très grand nombre de photos et mes caméras ont dévidé pas mal de pellicule. Par chance la journée était très belle et le soleil étincelant, ce qui est une condition indispensable pour la bonne photographie de glaciers.

Cette très belle navigation et les deux jours passés dans caleta Escandallo avaient pratiquement consommé les derniers jours de notre navigation commune. Il était maintenant temps de retourner à Punta Arenas. La brûlure à la main de Pedro était en bonne voie de guérison, mais la cheville de Mito n'avait guère fait de progrès. Il ne se plaignait jamais, mais le gonflement était très apparent et il était facile de remarquer qu'il ne pouvait pas encore appuyer le pied. C'est ainsi que quelques jours plus tard, lourdement chargé de son sac, il prit la route vers Bariloche. Sur le quai de Punta Arenas, où un taxi était venu le prendre, nous nous dîmes au revoir. J'étais ému de le voir partir en boitant, pour un aussi long voyage. Il aurait mieux valu que notre ami reste encore quelques jours à bord, mais il préférait tout naturellement retrouver près d'une épouse attentionnée un droit à l'action que nous ne pouvions lui accorder.

Pedro quitta le bateau deux jours plus tard et je repris la vie de solitaire.

8

Bahia Harris, Isla Dawson, avril 1988

Je n'avais pas l'intention de rester à Punta Arenas. Le port est mauvais, mal abrité et trop exigu. D'autant plus que j'allais être dans l'obligation d'abandonner temporairement *Williwaw*, pour participer au ravitaillement du phare des Evangelistas, édifié sur un roc battu par l'océan, à l'entrée ouest du détroit de Magellan. J'avais donc sollicité de la marine chilienne un endroit où je pourrais laisser mon bateau en toute sécurité et il me fut alloué un amarrage dans Bahia Harris, sur l'île Dawson. Cette grande île, propriété de la marine, sépare le détroit de Magellan, dont elle forme à cet endroit la côte orientale, du canal Whiteside. L'extrémité nord de l'île est formée d'un cap étendu en largeur, dont l'angle nord-ouest compose le cap Valentin et celui du nord-ouest la pointe Arska. Le passage Boqueron, au large de ces points remarquables, lie le détroit au canal Whiteside et à la grande Bahia Inutil.

En passant dans ces eaux, conduisant *Williwaw* vers son amarrage, je ne manquai pas de me souvenir que c'était là que Magellan avait envoyé la *San Antonio* et la *Concepción* explorer cette ouverture dans la côte, alors que lui-même, à bord de la

Trinidad et accompagné de la *Victoria*, embouquait ce qui devait plus tard, s'avérer être le détroit réel.

La *San Antonio* et la *Concepción* se séparèrent dans le passage Boqueron, l'une commençant l'exploration du bras qui aujourd'hui est le canal Whiteside, l'autre entrant dans Bahia Inutil. Esteban Gomez, le pilote de la *San Antonio*, organisa une mutinerie, mit le loyal capitaine Alvaro de Mezquita aux fers et prit le chemin de l'Espagne à l'insu des autres navires. Magellan, croyant à un naufrage, fit des recherches très poussées, allant même jusqu'à faire rebrousser chemin à la *Victoria* qui retourna au cap des Vierges. Mais évidemment sans résultat, les mutins étaient déjà loin au large.

Avec un peu d'imagination, je me représentais ces caravelles, cinglant toutes voiles dehors, labourant de leur quille les eaux qui me portaient, enrichissant le paysage de leurs élégantes silhouettes, parées de longues flammes colorées déployées dans le vent.

L'amarrage dans Bahia Harris me convenait parfaitement. Il était particulièrement protégé et au jour voulu, le 30 mars, je quittai mon bon *Williwaw* sans aucune appréhension. Un petit avion militaire à hélices me conduisit à Punta Arenas. J'avais douze sacs et valises contenant le matériel de prise de vues et quelques objets de toilette à transporter. Heureusement, nous n'étions que trois personnes à voyager. Le pilote me certifia en passant qu'il n'aurait jamais pu charger mes bagages si l'avion avait été complet.

Le premier avril, je rejoignais le *Yelcho*, un ancien remorqueur de haute mer construit aux États-Unis. Je partageais une cabine avec le chef machines momentanément absent. La cabine était exiguë et ne pouvait pas contenir l'ensemble de mes bagages dont la plus grande partie fut entreposée dans la chambre à cartes; je ne gardais près de moi que les objets de toilette. L'accueil à bord avait été chaleureux, quoique réservé. Le commandant, Jorge Chacon Poblete, capitaine de Frégate, avec lequel j'avais déjà pris contact plusieurs semaines auparavant est une personne d'excellente éducation, mais naturellement peu démonstratrive. Les préparatifs du départ lui laissaient peu de temps pour s'occuper de moi et au cours des premiers jours il se déchargea de sa sollicitude sur le second du bord.

Nous appareillâmes dans la matinée du 4 avril. Au cours de la journée je filmai quelques plans sur la passerelle, afin de déterminer les meilleurs angles pour les prises de vues intérieures. Malheureusement, l'éclairage venant uniquement d'une série de hublots faisant le tour du poste de commande, les forts contrastes de lumière gênaient beaucoup. Il aurait fallu filmer de l'extérieur vers l'intérieur, mais cela n'était pas possible vu l'élévation de la passerelle.

Le ravitaillement du phare des Evangelistas est chaque fois une réelle aventure. Le groupe de rocs, sur l'un desquels a été construit le feu, est situé, pour celui qui, approchant de l'ouest, recherche l'entrée du détroit de Magellan, à une dizaine de milles en avant des premières îles qui débordent la côte continentale du Chili. C'est dire combien les Evangelistas sont exposées aux colères de l'océan. L'énorme houle du Pacifique tisse aux rocs un cerne d'écume qui fait craindre, les jours de mauvais temps, qu'il ne devienne linceul. Pour le bateau ravitailleur, il n'y a aucune protection possible. Il doit attendre quelques heures de beau temps avant de pouvoir commencer l'approche et finalement s'immobiliser à proximité, en laissant tomber sa plus lourde ancre. Comme elle ne peut crocher dans le fond rocheux, c'est son poids et celui de sa chaîne qui, seuls, devront maintenir le ravitailleur.

Plus près de la côte, un groupe d'îles offre un ancrage d'attente. Son nom : Quarenta Días. C'est là, en effet, qu'un de nos prédécesseurs a dû attendre durant quarante jours l'embellie espérée.

Le phare des Evangelistas fut inauguré le 18 septembre 1896. C'est le personnel de la canonnière *Magallanes* qui avait, dès 1892, relevé le plan des îlots et choisi celui qui devait porter le feu. La construction fut difficile, à la mesure du but poursuivi : le Chili désirait faire du détroit une grande voie de communication. Le canal de Panama n'était pas creusé et la navigation à vapeur annonçait le déclin des grands voiliers et des épopées au cap Horn.

Le phare est gardé par six personnes. Ceux que j'ai rencontrés étaient là depuis six mois et il leur restait encore trois mois à faire. La lanterne s'éclaire au gaz et celui-ci assure aussi le chauffage des quartiers habités.

Les méthodes de ravitaillement n'ont pratiquement pas évolué depuis les premiers temps. Les canots gonflables et leurs moteurs ont remplacé les baleinières à rames et depuis les progrès de la congélation alimentaire, on ne dépose plus d'animaux vivants, cochons, brebis, agneaux, chèvres et poules tels que cela se faisait encore il y a peu de temps.

Un peu malencontreusement pour moi, qui désirais construire une séquence filmée complète, les conditions météorologiques étaient exceptionnellement bonnes lorsque, le 5 avril, nous arrivâmes en vue des Evangelistas. Il était six heures du matin. Le jour n'était pas encore levé, mais comme il fallait procéder à la réparation d'un groupe électrogène du phare, le commandant du *Yelcho* désirait débarquer les mécaniciens le plus vite possible, pour qu'ils aient le temps de terminer leur travail avant la fin des manœuvres de ravitaillement. Il fit son approche au radar et jugeant les conditions adéquates, laissa choir l'ancre à quelque cinq cents mètres du phare, pour maintenir le *Yelcho* en position. Le bateau roulait affreusement. Immédiatement, de grandes annexes gonflables furent mises à l'eau et un premier chargement d'hommes partit dans la nuit, guidé par le pinceau lumineux du feu.

N'ayant aucune clarté, je ne pouvais pas filmer, mais je suivais les travaux avec intérêt, afin de me rendre compte de ce que je pourrais fixer sur la pellicule et comment il fallait que je procède. Il m'apparut immédiatement que les prises de vues seraient difficiles. Venu en travers de la houle, le *Yelcho* roulait bord sur bord et je me rendais parfaitement compte que la stabilité de l'image serait impossible à obtenir. Mais il fallait bien que j'essaye. J'étais venu pour cela. Dès les premières lueurs propices, j'étais dans le bain, tournant quelques images montrant le chargement des bouteilles de gaz à bord des annexes. Les mouvements du *Yelcho* étaient très différents et d'une beaucoup plus grande amplitude que ceux des canots gonflables. Il fallait une habilité certaine pour virer la paire de boutcilles au bon moment et éviter que par un déphasage des mouvements, elles viennent heurter brutalement le fond de l'annexe ou, au contraire, se trouvent rehissées avec force. Cette parfaite synchronisation était également nécessaire pour qu'un homme puisse joindre ou quitter l'annexe. J'allais évidemment en faire l'expérience en allant au phare. On descendait la muraille du *Yelcho* par une échelle de corde. Il fallait sauter à bord de l'annexe au moment où l'inclinaison du bateau mère vers l'annexe coïncidait avec le passage d'une crête soulevant celle-ci.

Au phare, la manœuvre n'était guère plus aisée. Depuis un faux plat du roc était pendu un grand filet. L'annexe présentait son étrave face au filet. Au moment où, soulevée par la houle, elle culminait, il fallait agripper le filet et grimper de toutes ses forces pour se mettre à l'abri de la crête suivante. Je dois à la vérité de dire que la houle avait au moins trois mètres cinquante de creux, ce qui correspond à plus de la hauteur d'un étage d'un building moderne. Bref, ce n'était pas un travail de tout repos et le danger était certain.

Cela me pousse à parler de ce qui m'impressionna le plus dans cette expérience aux Evangelistas. J'ai déjà eu l'occasion de dire que la stabilité de l'image ne pouvait se maintenir à bord du *Yelcho*. Mais à bord des annexes, c'était encore pire. Propulsées par des moteurs de cinquante-cinq chevaux, leur grande vitesse dans la houle s'accompagnait de chocs et d'embardées de nature à vous arracher la caméra de l'épaule. Dans ces conditions je fus finalement obligé, après avoir gâché pas mal de pellicule, d'abandonner le tournage, me contentant de prendre quelques photos. Ainsi libéré du devoir de me concentrer sur les détails des manœuvres, je pus avoir une meilleure vue sur l'ensemble du travail. Je fus immédiatement impressionné par l'esprit d'entraide et de camaraderie qui animait l'ensemble du personnel. Du commandant au simple marin et dans tous les compartiments intermédiaires s'exprimait une chaleur, un enthousiasme et une attention à la sécurité de chacun qui était réconfortante à observer. Un homme en peine trouvait immédiatement des mains pour l'aider et éventuellement le secourir. Malgré les conditions précaires, je n'ai jamais entendu ni plainte ni récrimination. Il fallait ravitailler le phare : c'était une nécessité acceptée par tous et tous concouraient pour mener la tâche à bien.

Ces constatations me font ouvrir une parenthèse. Dans nos pays de l'Europe de l'Ouest, l'armée et la marine de guerre sont des corps spécialisés, très séparés de l'activité civile de la nation.

Au Chili, où il n'y a pratiquement pas de génie civil et trop peu d'argent pour payer son éventuel travail, la marine de guerre et l'armée participent beaucoup plus étroitement à la vie du pays. L'armée construit les routes, les ponts et gère en général tous les travaux terrestres importants. La marine administre les voies navigables. Crée et entretient le balisage, supplée le manque de tonnage de la marine civile, etc. Dans ce pays aux faibles ressources naturelles, les forces de défense ne peuvent pas s'offrir le luxe de posséder un important matériel, simplement pour faire des exercices qui n'ont d'autre finalité que l'apprentissage des techniques de guerre.

Ainsi, quand les appareils de notre aviation militaire sont techniquement périmés et mis à la ferraille, ils n'ont transporté, sauf cas exceptionnels, ni personnes civiles, ni marchandises. Au Chili, par contre, l'aviation militaire assure tous les services peu rentables et devant lesquels les compagnies privées, tout naturellement, renâclent.

Faute de connaître cette implication des forces armées dans le développement du pays, on ne pourrait comprendre sa large acceptation parmi la population et le succès de son recrutement, malgré un niveau de solde dérisoire. Cette conception de servir est totalement indépendante du pouvoir en place. Elle s'est inscrite dans la tradition et quelles que furent les tendances politiques des gouvernements successifs, elle a toujours prévalu comme une nécessité pleinement acceptée.

Par ailleurs, en accomplissant des travaux d'intérêt général, le personnel des corps d'armée acquièrt la conviction de faire œuvre utile et d'être au service du pays. Il en résulte une sereine assurance et une grande motivation. C'est sur elle que se basaient l'enthousiasme et l'esprit de corps des marins que j'ai vus au travail.

Comment pourrais-je, en tant qu'homme de mer, ne pas être reconnaissant à ceux qui, tout au long des voies maritimes et au bénéfice des navires de toutes nations, maintiennent en service des dizaines de milliers de feux, balises et autres aides. Le Chili, avec ses 4 200 kilomètres de côte, a pris parmi eux une place importante. Je suis particulièrement satisfait d'avoir pu me rendre compte de l'effort que cela demande et de pouvoir rendre hommage à tous ceux qui y participent.

Après avoir quitté les Evangelistas, le *Yelcho* a fait route vers le phare Felix qui balise la rive sud du détroit. Implanté sur un îlot débordant la grande île Desolación, il est naturellement mieux protégé de la mer et plus facilement accessible. Tout comme le phare des Evangelistas, il est occupé par un personnel et assure également les services d'un poste de vigilance et de sécurité. Dans cette attribution, il établit, tout comme le font ses collègues aux Evangelistas et dans les autres P.V.S., le contact radio avec les navires de passage.

Le ravitaillement fut mené rondement et au cours de la nuit nous jetâmes l'ancre dans une baie du canal Gray, attendant le jour pour réparer un feu automatique du Paso Shoal, signalé éteint.

Le lendemain, j'accompagnai l'équipe de dépannage et pus me rendre compte de la façon dont fonctionnait ce type de feux électriques entièrement automatisés. L'alimentation se fait par batteries de douze volts, maintenues chargées par panneaux solaires. Une cellule photo-électrique branche le courant lorsque l'intensité de la lumière diurne baisse et le coupe à la naissance du jour. Le porte-ampoule a la forme d'une croix dont chaque extrémité retient une ampoule. Seule l'ampoule qui pointe vers le haut est en service et sa position la place au centre du foyer du réflecteur et de la lentille à échelons de Fresnel. En cas de défection de cette bulle, un système automatique fait tourner le porte-ampoule d'un quart de tour, de façon à remplacer la bulle défectueuse par une autre des trois ampoules tenues en réserve. Ces petits phares sont issus d'une technologie avancée et remplacent, partout où cela est possible, les anciens feux au gaz, plus onéreux en entretien. Le livre des feux, qui ne mentionne que les plus importants, recense près de cinq cents phares et balises lumineuses au Chili. Cela donne une idée de l'investissement considérable que suppose leur achat ou construction, ainsi que de la somme de travail qu'absorbe leur maintien en fonction.

Au soir de cette journée nous ancrâmes dans Bahia Borja, une baie du détroit de Magellan et le jour suivant, jeudi 7 avril, nous partîmes dans canal Geronimo réparer le phare de la pointe Condor. Profitant de l'opportunité, le *Yelcho* mit une équipe de plongeurs à l'eau dans le but de cueillir des fruits de mer pour agrémenter le menu de l'équipage. La récolte contenait principalement des moules et des oursins. Les Chiliens sont en général très friands des produits de la mer et l'oursin est considéré comme une réelle délicatesse. La nuit avait déjà étendu son voile opaque lorsque nous sommes revenus dans le détroit de Magellan et avons ancré dans la baie Fortescue.

Nous étant mis en route vers cinq heures du matin, c'est éclairé par une aube blafarde que je découvris les paysages désolés du canal Barbara. Ce jour-là le bateau effectua une patrouille de routine qui devait me permettre de connaître le canal Abra et ses eaux adjacentes. Étant hors des routes de communications, ces chenaux sont peu connus et souvent sommairement cartographiés. Les expéditions de la *Beagle* y ont parsemé la géographie de noms propres britanniques que, par respect pour leur considérable travail, le Chili n'a jamais remplacés.

C'était mon dernier jour de navigation à bord du *Yelcho*. Le retour à Punta Arenas était prévu vers minuit, mais au cours de la journée le temps se gâta et nous prîmes un peu de retard sur l'horaire. Néanmoins on put encore mettre une équipe de plongeurs à l'eau et ils récoltèrent en peu de temps mille cinq cents oursins à partager entre l'équipage, non pas pour être consommés à bord, mais dans leurs familles.

A l'arrivée à Punta Arenas, où l'amarrage fut rendu difficile par un vent de quarante nœuds, chaque marin quitta le bateau portant avec satisfaction le sac d'oursins qui allait faire participer ses parents, ou son épouse et éventuellement ses enfants au fruit de son travail. Quant à moi, je repris le chemin vers l'île Dawson, riche des souvenirs d'une grande expérience humaine et de son témoignage filmé.

9

Puerto Siñoret, canal Concepción, mai 1988

Je revis avec plaisir mon bon *Williwaw*. Comme prévu, il n'avait pas souffert de mon absence et je retrouvai tout tel que je l'avais laissé. C'est l'*Aguila*, une ancienne barge de débarquement, qui m'avait pris à son bord pour me ramener à l'île Dawson. Après son départ, précédé d'une fort sympathique visite du capitaine très ému de me voir partir seul, je constatai avec effroi avoir oublié de débarquer une valise qui contenait mes caméras de photographie. Au cours d'un contact par radio, le capitaine me confirma avoir ma valise en sa possession. Il comptait me la remettre lors de son prochain passage dans la baie Harris, prévu dans quelques jours. C'est ainsi que j'eus le temps de préparer quelques lettres et de mettre mes écrits à jour. Finalement l'*Aguila* revint et après avoir récupéré mes appareils, fait le plein d'eau et de fuel, je larguais les amarres. Nous étions alors samedi 16 avril.

Comme l'après-midi était déjà entamé, je savais que je ne pourrais pas aller loin ce jour-là. Mais j'avais hâte de me retrouver seul. Les jours précédents m'avaient mis en présence de beaucoup de monde et j'avais dû maintes fois expliquer quels étaient mes prochains objectifs. Cette constante répétition de mes buts les avait banalisés dans mon esprit. Oui!

j'allais faire ci et ça. C'était facile à dire, mais il ne fallait pas que je perde conscience de tout ce qui restait en travers de ma route.

En retrouvant mon bateau, je m'étais rapproché de l'action et sentais avec plus d'acuité le besoin de me préparer à rencontrer les difficultés : d'abord en en faisant l'inventaire, puis en recherchant les éventuels palliatifs. Il est indispensable de commencer par là en vue d'acquérir la confiance intérieure nécessaire à la réussite. Cela ne pouvait se faire que dans la solitude, car dans un groupe on peut donner l'impression de maîtriser ses projets et, influencé par la foi des autres, s'en trouver convaincu soi-même. Cette confiance n'est alors qu'une façade sans fondement intime.

Non, je crois que la réelle foi en soi doit reposer sur une perception des dangers et l'existence de moyens de leur faire face. La connaissance des uns et des autres sera alors la base d'une discussion intime qui conclura éventuellement à la possibilité de réalisation des projets, compte tenu des potentialités personnelles. Finalement, ce n'est que lorsque toutes les tendances intérieures accepteront d'aller de l'avant que l'indispensable confiance en soi s'établira. Elle ne doit pas donner la certitude de la réussite, mais diffuser celle de posséder les moyens de l'atteindre.

La journée se poursuivit grise et maussade. Le vent du Nordet portait, mais faiblement. Fine et pénétrante, une petite pluie me donnait froid et faisait pleurer les voiles. Triste journée pour un départ! La nuit me surprit près des îles Tuckers. Il n'était encore que dix-huit heures. Les jours devenaient diablement courts et la nouvelle lune ajoutait à la noirceur d'un ciel totalement opaque. Je naviguai au radar, évitant les récifs à l'entrée de la baie Fitton où je gagnai Puerto Angel.

Les profondeurs étaient importantes dans l'ancrage. Je crus bien faire en recherchant une remontée des fonds près de la côte, mais celle-ci se révéla accore et je fus obligé pour la sécurité du bateau de m'écarter rapidement. Las de tourner en rond dans le mouillage, je laissai finalement choir l'ancre dans trente-six mètres d'eau, ce qui était beaucoup pour les cent mètres de chaîne disponible. Au cours de la nuit le vent forcit et je fus obligé de veiller un moment pour m'assurer de la bonne tenue de l'ancre. Heureusement le mouillage tint bon, mais je n'étais pas très apaisé. Il fallait déguerpir de là le plus vite possible.

Dès les premières lueurs, je me remis en route. Ce fut une sage décision car la météo s'améliorait au fur et à mesure que s'écoulaient les premières heures du jour. Au passage, je remarquai que la baie Fitton déploie un paysage splendide. Dommage qu'elle soit si profonde, j'y serais resté volontiers. Heureusement le canal Gabriel ne me fit pas perdre au change et tout au long de son tracé les appareils de prises de vues se maintenaient en service. Canal Gabriel relie la baie Fitton au détroit de Magellan. C'est un chenal étroit, d'une longueur d'une trentaine de milles qui sépare l'île Dawson de la Terre de Feu. Il court entre des côtes escarpées et offre un paysage d'une grande beauté. Les instructions nautiques signalent qu'il n'a été que partiellement reconnu et que les courants de marée sont estimés atteindre dans sa partie la plus étroite une vitesse d'environ cinq nœuds. Je ne puis confirmer cette assertion, n'ayant rencontré que des courants faibles, alors que mon passage coïncidait avec une période de vives eaux. Canal de San Gabriel, tel que le nomma Don Pedro Sarmiento de Gamboa, naviguant à bord de la caravelle *Nuestra Señora de la Esperanza* lors de sa découverte le 11 février 1580, mêle ses eaux à celles du canal Magdalena dont l'embouchure dans le détroit de Magellan est contiguë à la sienne. Dans ses mémoires, Sarmiento s'exprime de la façon suivante : « *Desta ensenada de la mano derecha, donde está el Pan de Azucar y Vernal, van 2 brazos y canales grandes, una la vuelta del sur, que llamé la canal de la Magdalena y otra al sueste, que se nombro canal de San Gabriel.* » Canal Gabriel a été levé pour la première fois en février 1827 par la *Hope*, une annexe de l'*Adventure* qui accompagnait la *Beagle* dans sa première expédition.

La journée se termina d'une très belle façon en mouillant dans caleta Beaubassin, un merveilleux petit ancrage idéalement protégé et de profondeurs plus que raisonnables, avoisinant les neuf mètres. Cet ancrage peu connu est situé près de l'extrémité nord-est de l'île Aracena. Il convient parfaitement aux petites unités désirant attendre l'opportunité favorable d'entrer dans le canal Magdalena. Après une nuit au cours de laquelle je pus enfin dormir sans anxiété, je manquai, tôt au matin, de m'étaler en venant sur le pont. Une épaisse couche de verglas le recouvrait, démontrant, on ne peut mieux, qu'il avait gelé ferme durant la nuit. L'hiver s'annonçait brutalement. Sur les cimes environnantes, la neige avait étendu son manteau et le paysage du détroit n'allait pas manquer de changer d'allure dans les jours à venir. Coïncidant avec l'apparition du gel, la pression barométrique se maintenait élevée et stable. J'aurais aimé rester un jour de plus dans caleta Beaubassin, la bien nommée, mais il n'était pas sage de traîner en route. Les jours de beau temps sont rares et ne durent jamais bien longtemps en ces lieux.

Mon idée était d'atteindre la baie Fortescue, sur la rive opposée du détroit. Cette baie offre un excellent ancrage intérieur dans caleta Gallant, dont l'entrée s'est ensablée au fil des années, rendant actuellement le chenal d'accès très étroit. Néanmoins, la profondeur en son centre est encore d'au moins cinq mètres, ce qui donne un peu de réserve aux petites unités.

C'est à caleta Gallant que Magellan apprit la découverte du détroit. Après avoir mouillé, il avait détaché une pinasse * bien pourvue en hommes et en matériel, avec mission d'explorer le détroit plus avant dans l'ouest : elle revint au bout de trois jours annonçant qu'elle avait atteint la mer ouverte. Le capitaine général fondit en larmes et quitta caleta Gallant, le lendemain, pour annoncer la bonne nouvelle à la *Concepción* et à la *San Antonio*, laquelle, nous l'avons vu, avait amorcé, aux mains de mutins, le retour vers l'Espagne.

Pigafetta parle dans son manuscrit d'une rivière qu'ils baptisèrent : rivière des sardines, pour les pêches miraculeuses qu'ils y firent. C'est cette rivière qui forme caleta Gallant, mais des sardines, je ne trouvai trace. Avaient-ils été trop gourmands ?

En mouillant *Williwaw* dans ces eaux historiques, je retrouvais le sillage de ce marin incomparable que fut Magellan. Plus tard, au fur et à mesure que je progressais dans le détroit, mon admiration pour ces équipages tant éprouvés allait grandir encore.

Le temps s'étant gâté, je restai deux jours à caleta Gallant. Puis au matin du 20 avril, je m'engageai, au sortir de Bahia Fortescue, dans Paso Ingles, un rétrécissement longeant l'île

*. Je devrais écrire : un galion, si ce vocable ne risquait de prêter à confusion. « A l'origine (XVIe siècle) les galions étaient des vaisseaux à voiles allongés, munis d'une rangée d'avirons, puis le nom passa à de grands navires armés en guerre, naviguant sous escorte, et qui étaient destinés à rapporter l'or, l'argent et les marchandises précieuses que l'Espagne retirait de ses colonies aux XVIIe et XVIIIe siècles. » R. Gruss. *Petit Dictionnaire de Marine*.

du roi Carlos III. C'est dans ces parages que Slocum, un autre monument parmi les navigateurs, avait évité la venue à bord de Fuégiens, pieds nus et mal intentionnés, en semant des petits clous de tapissier sur son pont.

Vers la mi-journée, je rencontrai un fort courant contraire en provenance du canal Geronimo et pendant un long moment *Williwaw* fit du surplace malgré ses six nœuds couverts sur la surface. Puis, lentement, le paysage se remit à défiler. En fin d'après-midi, j'ancrai dans Bahia Borja où, en 1973, les équipages du *Constanty Maciesewitz*, un yacht polonais rencontré par hasard (je ne garantis pas l'orthographe), et de *Williwaw* avaient, tels qu'il était de tradition dans cette baie, fixé à un arbre une belle planche en teck portant, brûlés dans le bois, avec l'image d'un voilier, les noms de nos bateaux et la date de leur passage. C'était une réelle œuvre d'art exécutée par un artiste membre de l'équipage du *Constanty* durant la nuit de notre rencontre. Revenant dans la baie en 1978, j'avais eu l'intention de venir récupérer l'objet de ma convoitise. Mais en le retrouvant, alors que la gravure était parfaitement intacte, je n'eus pas le cœur de l'emporter. Il me semblait qu'il appartenait au paysage et que ce serait comme un vol de la lui ravir.

Cette fois je n'eus plus le plaisir de retrouver ce témoin de mon premier passage dans Bahia Borja : œuvre du temps ou de mains moins scrupuleuses? allez savoir *!

Le lendemain, avançant dans Paso Largo au moteur, je vis, à hauteur du seño Las Nieves, un petit voilier louvoyant contre le vent. Serait-ce Laurent, un sympathique et jeune

*. Après l'arrivée à Valdivia, j'appris par un ami navigateur que la plaque est toujours là, mais les inscriptions sont devenues difficilement lisibles. Je ne devais donc pas avoir été suffisamment attentif. *Mea culpa*!

Français qui m'avait rendu plusieurs fois visite lorsque j'étais à Punta Arenas ? Son voilier n'avait pas de moteur et ce n'était pas une mince affaire de l'avoir conduit aussi loin de son port d'origine. Désireux de savoir, je me déroutai pour m'approcher. Je voyais clairement l'homme à la barre, mais emmitouflé comme il l'était il ne pouvait pas être identifiable.

– C'est toi Laurent ?

– Oui, c'est moi.

Venu plus près, je lui demandai si tout allait bien, s'il n'avait besoin de rien. Mais Laurent, le pouce levé, me fit un signe optimiste en disant : « Non, tout est parfait. »

Ne désirant pas davantage gêner sa manœuvre, je m'écartai en lui criant : « Bons Vents ! »

Mais en m'éloignant, je sentis comme une gêne. Mes souhaits de bons vents n'étaient qu'un vœu pieux. Je savais très bien que les vents ne pouvaient guère être favorables pour gagner l'ouest. Et puis Laurent était un grand timide, peut-être aurais-je dû insister davantage. Pour en avoir le cœur net, je fis demi-tour et revenu à portée de voix, je criai : « Tu ne veux pas que je te prenne en remorque ? » « Cela me paraît tentant », me répondit-il. » « Eh bien, accroche-toi ! »

Je lui passai une amarre et content de pouvoir l'aider, je le pris derrière *Williwaw.*

En fin d'après-midi, nous mouillâmes dans caleta Playa Parda. Nous fîmes une petite excursion à terre et au soir Laurent vint casser la croûte. Nous eûmes l'occasion de bavarder longuement, en nous demandant s'il était opportun de naviguer à la voile pure, en ces lieux où la météorologie est tant perturbée et où chaque recherche de mouillage devient une aventure dont l'issue est souvent incertaine. Il faut bien comprendre que les vents près des côtes montagneuses et morcelées sont extrêmement variables en force et en direction, passant sans transition du calme plat à des rafales de tempête et de direction imprévisible. Souvent, surpris par le mauvais temps, l'abri devient une nécessité impérieuse, mais follement dangereuse pour celui qui, dans les chenaux exigus, ne peut gagner au vent. Laurent, pour l'avoir vécu dans sa chair et dans son âme, en était parfaitement conscient et préférait affronter la mer libre au sortir du détroit, plutôt que de poursuivre vers le nord par les canaux intérieurs. Je sentais chez Laurent une grande anxiété, c'est-à-dire une grande conscience des dangers et des faibles moyens dont il disposait pour les éluder.

Néanmoins, en sortant de caleta Playa Parda le lendemain et après nous être dégagés de la côte, il me demanda de rentrer l'aussière de remorque, préférant poursuivre seul. Je le fis sans rien objecter. Je l'aurais volontiers conduit plus loin et aimé l'en convaincre, mais je ne me sentais pas le droit de peser sur sa décision. Laurent était un homme adulte et je devais accepter que c'était à lui et non pas à moi d'assumer son avenir. En m'éloignant, je me retournai souvent. *Timsah*, en tirant un bord vers la rive sud du détroit, s'écarta rapidement de ma route et ne devint bientôt plus qu'une petite tache blanche effacée, dans le sillage.

Le temps, une fois de plus, se gâta au cours de l'après-midi et les rafales du Noroit se firent plus dures et plus soutenues. La houle se raidit et dans l'opacité des grains naissants, l'horizon perdu pleurait les premiers grêlons. J'allais très vite devoir chercher abri. Mais où? J'y pensais en étouffant la trinquette de mes mains raides et bleuies. Avant de rencontrer Laurent la veille, mon plan de route prévoyait de passer la nuit à Puerto Angosto. Retardé par le remorquage de *Timsah*, j'avais écourté mon trajet d'une quinzaine de milles en entrant à Playa Parda. Je pensais rattraper la distance perdue et rejoindre l'ancrage de Bahia Wodsworth, tel que le prévoyait mon routier pour ce jour. Mais le vent de face atteignant déjà sept à neuf Beaufort me l'interdisait.

C'est ainsi que je pris la décision de chercher refuge dans caleta Luis, une échancrure de l'île Cordova. C'est un ancrage peu fréquenté. Ses dimensions ne conviennent pas aux grands navires et de ce fait, tel que caleta Beaubassin, il ne fait pas partie des ancrages traditionnels du détroit. Néanmoins, il m'apparut immédiatement sympathique et sûr. Et de fait, je pus y étaler sans mal le coup de vent qui se déchaîna peu après mon arrivée. Le petit bras de mer au fond duquel se trouve l'ancrage est très protégé des vents dominants, mais étroit. Le fond est rocheux avec des étendues de vase argileuse où l'ancre accroche bien. Le lendemain, je fis une sortie, mais rencontrai un vent contraire de force sept chargé de grêle et de neige. La température avoisinait le point de congélation, ce qui laissait prévoir le givrage du pont et des voiles. Dans ces conditions je préférai m'abriter à nouveau et attendre l'accalmie.

Durant le mauvais temps, je pensai beaucoup à Laurent. Où avait-il trouvé abri? comment avait-il passé la nuit? Pourvu qu'il soit en sécurité. Je fus retenu durant deux jours dans caleta Luis, puis le temps devint maniable. En retrouvant les eaux du détroit, je scrutai longuement l'horizon, cherchant en vain la voile blanche qui m'aurait rassuré.

Ce jour-là, je quittai le détroit de Magellan et le sillage de mon illustre prédécesseur. Le passage que j'allais terminer quelques heures plus tard et ceux que j'avais accomplis par le passé m'ont démontré que la traversée du détroit, d'est en ouest, est difficile pour un petit navire et très risquée pour un voilier pur. La rapidité de certains passages aux XVIe et XVIIe siècles confirme les excellentes qualités manœuvrières des caravelles et les compétences pratiques des marins de ces époques. La flotte de Magellan mit trente-six ou trente-sept jours (les historiens ne s'accordent pas sur le nombre exact) pour traverser le détroit, tout en le découvrant. C'est remarquable, lorsqu'on se rappelle que Magellan attendit à caleta Gallant le retour des navires qui exploraient Bahia Inutil et canal Whiteside. Qu'après le retour de la pinasse qui avait annoncé l'existence d'une sortie vers la mer, il appareilla à bord de la *Trinidad* pour annoncer la bonne nouvelle et, ne rencontrant pas la *San Antonio*, il fit rebrousser chemin à la *Victoria* qui retourna jusqu'au cap des Vierges. Malgré au moins 250 milles de navigation supplémentaire, plusieurs jours d'attente et les aléas de la navigation en groupe, Pigafetta put écrire :

« *Mercredy vingt et huitiesme de Novembre Mil cinq cens vingt, nous saillismes hors dudit estroit et entrasmes en la mer pacificque, ou demourasmes troys moys et vingt jours sans prendre vivres ny aultres refreschissements, et ne mangions que viel biscuyt tourné en pouldre tout plain de vers et puant pour l'ordure de urine que les ratz avoyent fait dessus et mangé le bon...* »

J'ajouterais que les pauvres hommes mangèrent aussi les cuirs qui fourraient les espars et que beaucoup de marins moururent de privations, avant de pouvoir toucher terre après la sortie du détroit. Magellan fut tué dans une escarmouche, sur une plage de l'île Mactan aux Philippines. Seul la *Victoria* revit l'Espagne. Plus de deux cents marins et quatre navires manquaient à l'appel.

Dans son magnifique ouvrage *The European Discovery of*

America, tome II, *The Southern Voyages*, le regretté historien et marin, Amiral Samuel Eliot Morison, conclut le chapitre consacré à Magellan de la façon suivante :

« Des trois plus grands navigateurs de l'âge des découvertes – Colomb, Magellan et Vasco de Gama – Magellan est le plus prestigieux : Gama fut le premier à atteindre les Indes, poursuivant le voyage de Dias vers sa conclusion logique. Colomb, motivé par une conception des plus hardies, franchit la barrière atlantique une fois pour toutes et traversa l'océan occidental quatre fois aller et retour, mais dans sa partie la plus calme. Magellan, par contre, conquit les tempétueuses mers australes et dut affronter mutinerie, mort et trahison pour pouvoir traverser le Pacifique, qu'il nomma. Elcano, c'est certain, a terminé la circumnavigation, mais il n'a fait qu'exécuter le plan de Magellan. Le vrai monument de Magellan est le détroit qu'il ouvrit au Monde. »

C'est en doublant l'île Tamar par l'ouest que je quittai définitivement le tracé de l'Armada de Molucca. J'allais alors plus spécialement m'attacher au sillage de Don Pedro Sarmiento de Gamboa, lequel s'il n'a pas le renom de Magellan est néanmoins reconnu comme un navigateur courageux, prudent et méticuleux. Ses voyages datent des années 1580, soixante années après Magellan. Les techniques de navigation s'étaient affinées dans l'intervalle et Sarmiento et ses pilotes prenaient régulièrement des hauteurs du soleil et de la Croix du Sud en se servant toujours de l'astrolabe.

Nous suivrons également, mais un peu plus tard, les explorations de Juan Ladrillero, grand navigateur lui aussi, mais qui fut, pour des raisons bassement commerciales, privé du renom et de la reconnaissance que méritaient ses importantes découvertes. Les voyages de Ladrillero sont antérieurs à ceux de Sarmiento, il fut commissionné en 1557 par Don Garcia Hurtado de Mendoza, gouverneur du Chili, afin de trouver une route maritime moins compliquée que celle qui atteignait le Chili, par voie terrestre, à partir des rives de l'Atlantique et *via* le Pérou. Cette nouvelle route qui devait emprunter le détroit de Magellan, permettrait plus facilement, pensait-on – et à moindres frais –, d'acheminer les marchandises d'Espagne et de retourner avec le produit de leur troc.

Lorsque Ladrillero, qui fut le premier à naviguer dans le détroit de Magellan dans les deux sens, trouva la route, cette heureuse issue aurait dû faire baisser les prix des marchandises importées. Les marchands s'y opposèrent et les découvertes de Ladrillero furent tenues secrètes. C'est ainsi que ses mérites ne furent jamais reconnus.

En passant le phare Fairway, à l'entrée de canal Smyth, le personnel du phare m'invita par radio à lui rendre visite. Ayant hissé toutes les voiles, pour une fois que le bateau ne piquait pas dans le vent, je préférai m'épargner le travail d'amener la voilure et déclinai poliment l'aimable invitation. Il faut dire que la tension avait été très soutenue durant la navigation dans le détroit. Le vent avait été régulièrement contraire et souvent très fort. Naviguer au moteur n'est pas sans avoir ses servitudes et les risques de pannes, loin des ateliers, préoccupent l'esprit, même si tout paraît parfaitement en ordre, tel que c'était le cas à bord de *Williwaw.* Mais la fatigue du matériel n'est pas toujours décelable. Suite aux vibrations, une soudure peut lâcher, un boulon se desserrer, un joint ne plus être étanche. Il y a mille défections possibles et malgré le fait que je vérifie tout soigneusement avant chaque mise en route, je sais que cela ne garantit pas complètement l'absence d'ennuis.

J'ancrai ce soir-là dans caleta Bourgoyne et ouvris une bouteille de vin. Pour dire vrai, j'étais content de changer de cap, après cette longue incursion dans le lit des vents d'ouest. J'allais me pencher sur d'autres cartes, lire d'autres instructions, retrouver d'autres noms, suivre d'autres sillages. Bref, j'allais pénétrer dans une autre région, vivre dans un autre monde.

Oh! je savais bien qu'il ne serait guère plus clément et que piquer du nez dans les vents du nord ne serait pas très différent. Toutefois, cette nouvelle étape marquait une progression vers mes buts, me rapprochait de retrouvailles. On a beau se plaire dans la solitude, elle ne remplit pas une vie. Elle peut être salutaire, mais je ne l'ai jamais considérée comme une finalité.

Je me suis octroyé deux jours de vacances dans caleta Bourgoyne, préparant les nouveaux itinéraires. La veille du départ, un rayon de soleil opportun me permit de tourner quelques images, captant au centre d'un paysage attrayant l'imposant mont Joy, éclairé par la douce lumière matinale. Au sortir de la baie, la navigation fut immédiatement captivante. D'abord un passage en lacets dans Paso Shoal où l'épave du *Santa Leonor* me rappela combien un accident est vite arrivé. Le navire, battant pavillon des États-Unis, se dirigeait vers le nord. Il avait un pilote chilien parlant relativement bien l'anglais. En sortant de Paso Shoal, le pilote, s'adressant au timonier, pour éviter Grupo Adelaida, une chaîne d'îlots et de rocs sur la droite du chenal, donna l'ordre :

« *Ten degrees to the left, please.* »

Le timonier, tel que demandé, fit virer le bateau de dix degrés à gauche et dès le nouveau cap atteint, confirma :

« *Ten degrees to the left, sir.* »

« *All right!* », dit le pilote, croyant simplement acquiescer. Mais le timonier crut à un nouvel ordre et mit la barre toute à droite. Le bateau heurta les rocs et se perdit. Plutôt que d'employer le terme « *All right* », le pilote aurait dû simplement dire « O.K. » Ce détail de langage, apparemment sans importance, transforma en quelques secondes un fier navire de huit mille tonnes en une lamentable épave. Ne donnant des ordres qu'à moi-même, c'est l'âme tranquille que je doublai les rochers portant la coque éventrée et m'engagai dans canal Gray. Un courant contraire de près de trois nœuds m'avait fait perdre beaucoup de temps dans Paso Shoal. Il faisait franchement mauvais. Une fois de plus, le vent me heurtait de face. En passant devant l'île Summer, près de laquelle le *Yelcho* avait ancré, je fus tenté de m'arrêter mais je continuai désireux de faire de la route. Bien m'en prit, car j'atteignis caleta Fortuna, mon objectif, avant le crépuscule.

Mon routier prévoyait deux possibilités.

Primo : une route conduisant au détroit de Nelson. Elle empruntait successivement les canaux Viel, Molinas et Uribe, puis la traversée du détroit et le dégagement par le canal Castro et Paso Sharpes, au sortir duquel je retrouvais le canal Sarmiento.

Secundo : une route moins exposée, empruntant le tracé de navigation habituel, en continuant par le canal Smyth, l'estrecho de Colingwood et Paso Farquhar qui verse dans canal Sarmiento.

Caleta Fortuna était idéalement placée à la croisée des routes. Je l'avais spécialement choisie pour me donner un temps de réflexion et avoir la possibilité d'élire le tracé à suivre, en étant le plus près possible de la zone d'action.

Le coup de vent qui se déclara peu après mon arrivée et

me bloqua durant quatre jours dans l'ancrage, rendant le jour aussi sombre que la nuit, ajouté au gros temps continu des jours précédents, me fit clairement comprendre que ce n'était pas le moment de s'exposer aux brisants du détroit de Nelson.

Sarmiento, aidé de deux pilotes et de douze marins-soldats, s'y aventura à bord de la pinasse *Nuestra Señora de Guia*, jusqu'à l'orée de l'océan. Il le fit, au cours de son troisième voyage de découverte à bord d'une annexe, laissant comme de coutume le bateau mère au port. L'exploration du détroit de Nelson, effectuée au départ de Paso Sharpes, fut réalisée en partie à la voile et en partie à la force des rames, durant la période du 29 décembre 1579 au 12 janvier 1580.

Je tire mon chapeau bien bas devant ces hommes dont le courage me remplit d'humilité. Ils partaient mal protégés des intempéries, dans un bateau ouvert. Souvent mouillés jusqu'aux os et dans l'impossibilité de se sécher.

Pour avoir été là, à proximité du détroit et avoir jugé que je ne pouvais pas les suivre sans prendre des risques, incontrôlables pour moi, je puis évaluer l'exacte mesure de leur bravoure et de leur foi.

Je ne suis pas seul dans l'admiration qu'ils m'inspirent. Ceux de la *Beagle*, pour ne citer qu'un exemple, et plus particulièrement le lieutenant W.G. Skyring, qui cartographia la zone, montrèrent, avec un grand *fair play*, tout le respect qu'ils ressentaient pour Sarmiento en conservant sur les cartes anglaises la majeure partie des noms de lieux qu'il avait donnés.

Le vendredi 29 avril, je virai l'ancre au matin et me mis en route. Le temps n'était toujours pas stable et près de la péninsule Sachs, le vent du nord avoisinait la force sept. Je regrettais un peu de ne pas avoir attendu un jour de plus, à l'abri dans caleta Fortuna, mais j'étais déjà trop avancé pour y retourner. Dans le coude de paso Victoria, je trouvai enfin un peu de répit; toutefois, dans la ligne droite de l'estrecho de Colingwood je subissais à nouveau les dures rafales chargées de pluie. Puis le vent devint moins soutenu. Néanmoins, fatigué, je décidai de mouiller à la première occasion venue. Je rentrais ainsi dans caleta Columbine, petit ancrage ouvert vers le sud-est, mais offrant une excellente protection vis-à-vis des vents des premier, troisième et quatrième quadrants.

Le lendemain, j'étais à nouveau en route. La première partie de la matinée fut assez calme, mais en entrant dans canal Sarmiento, le vent une fois de plus se déchaîna et m'obligea à fuir dans Bahia Wodehouse. Cette baie avait un intérêt spécial. Elle communique avec une large échancrure dans le versant opposé de l'île à laquelle elle appartient, versant que délimite la prolongation de canal Smyth. En étudiant les tracés possibles, j'avais eu la quasi-certitude qu'il devait y avoir là un passage. Étant seul à bord, je n'ai pas pu l'explorer, mais j'ai ancré le bateau à quelques mètres de l'ouverture qui réunit la baie du canal Sarmiento avec celle du canal Smyth et d'après ce que j'ai pu voir, je reste convaincu qu'un bateau d'un tirant d'eau de deux à trois mètres pourrait passer là d'un canal à l'autre. Je concède que cela n'aurait pas une grande utilité pratique, car le passage est encombré et long. Néanmoins, il aurait été intéressant de le reconnaître, parce que pratiquement vierge. Abrité des vents, tout ce qui y croît et vit n'a jamais connu les conditions climatiques extrêmes et, sans doute, rarement une main prédatrice. Je suis convaincu qu'il y a en Patagonie beaucoup d'endroits où la nature peut encore s'observer ainsi que la création a ordonné les choses. Mais au bord d'un chenal fréquenté, c'est assez rare.

Retenu par une météo très adverse, je quittai la baie au matin du 2 mai. Une fois au-dehors, le temps m'apparut exécrable. C'est un petit côté négatif des ancrages protégés : ils ne permettent pas de bien apprécier les conditions à l'extérieur.

Ne voulant quand même pas rebrousser chemin, je me dirigeai vers caleta Ocasión. De l'ancrage je pouvais facilement voir les moutons blancs des eaux du canal Sarmiento. Conséquence négative, le mouillage était très ouvert et trop exigu à mon gré. Je ne le recommande pas.

Néanmoins, je dus y passer deux jours, avec l'anxiété de subir une saute de vent durant la nuit. Aussi étais-je soulagé en quittant caleta Ocasión, embouquant cette fois le canal Sarmiento sous un rayon de soleil, quoique toujours vent debout. Sous un ciel partiellement dégagé, je retrouvai enfin le miroitement d'une eau vivante. Le baromètre, à 1 025 millibars, était extraordinairement haut. D'après les instructions nautiques, la pression moyenne pour le mois en cours et la position correspondante est de 1 004 millibars. Je me trouvais donc sous l'influence d'un anticyclone inhabituellement placé. On croit généralement que l'anticyclone est synonyme de beau temps. Cela n'est pas exact et les habitants des Açores le savent bien. En réalité, près du centre, la haute pression s'accompagne souvent d'un temps instable et nuageux, sans toutefois rejoindre les extrêmes des centres dépressionnaires. Ce schéma correspondait parfaitement à la météo de cette journée et sans avoir connu de désagréments, j'enterrai ma C.Q.R., bien avant le soir, dans les eaux à peines ridées de Puerto Mayne.

Le 5 avril, en quittant cet excellent abri, je fus rattrapé par un cargo chilien, le m.v. *L.L. Equador*. Le pilote, avec lequel j'avais établi une liaison par V.H.F., afin qu'il renseigne les autorités maritimes sur ma position, confirma l'état de mon barographe. Son dernier fac-similé indiquait en effet que nous étions proches d'un centre développant une pression de 1 029 millibars. Ces conditions exceptionnelles allaient durer quelques jours et initier une courte période de beau temps.

Le cargo n'était plus qu'un point à l'horizon lorsque j'arrivai au travers de paso Sharpes. Au loin, entre les hautes terres de l'île Diego de Almagro et du cap Charlton : l'océan Pacifique. Je m'imaginais voir, souquée par quelques hommes, disparaissant de la vue au creux de la houle, l'insignifiante barque de Sarmiento gardant obstinément, malgré le vent contraire, la proue vers la mer ouverte.

Pour, de ces hommes, saisir l'immense courage,
il faut transcender les mots.
Et venir vivre dans le même paysage,
l'adversité et la rigueur des flots.

Il faut avoir entendu le cri du vent
et des embruns ressenti la froidure.
Avoir eu l'impression d'un arrêt du temps
et de la vie, n'avoir conservé qu'un murmure.

Il faut avoir vu les terres hautes et massives,
approché leurs pentes angulaires et ravinées.
Des éboulis côtoyé les eaux agressives
et ressenti, le besoin de prier.

Ces quelques phrases, sans doute bien maladroites, c'est mon cœur qui les a écrites. Et ce soir-là, arrivé à Puerto Bueno, je laissai reposer mon bateau là où une âme qui m'était devenue familière avait, revenant de loin, enfin trouvé un havre paisible.

Mon itinéraire des jours suivants va coïncider avec celui de Sarmiento et de ses hommes. Que de monts, que de caps, que d'îles ont conservé dans leurs noms les marques de leur piété. Terres qui jusqu'à nous ont rendu l'écho de leurs chants. Des « Salve Regina » et des « Laudamus » qui accompagnèrent les prises de possession ou la reconnaissance d'un sauvetage inopiné.

Je fis la route de Puerto Bueno à bahia Wide, le récit écrit par Sarmiento à la main. Chaque point remarquable avait son histoire. A ce propos, il faut dire que ses écrits sont beaucoup plus détaillés et précis que ceux de Pigafetta. C'est évidemment très dommage que le livre de bord de Magellan n'ait jamais été retrouvé et que l'on ne puisse pas rectifier les différences de lieux et de dates dans les récits de ses pilotes et de son scribe. En sortant de l'angostura Guia, mon attention fut attirée par les jeux de quelques baleines évoluant près des côtes de l'île Chatham. Je me déroutai immédiatement et préparai les caméras. Il s'agissait de baleines jubartes, facilement reconnaissables à leurs longues et étroites nageoires blanches, leurs mouvements près de la surface et le chant caractéristique qui les accompagnait me firent penser à une parade d'amour, sans que j'aie pu en acquérir la certitude. Les prises de vues à partir d'un observatoire peu élevé sont en général peu parlantes et grandes consommatrices de pellicule. Mais si elle n'est pas facile à filmer, c'est pour le moins un plaisir de voir évoluer une baleine. Elle ne m'a jamais montré d'agressivité et accepte bien la proximité d'un bateau. Cela ne lui a d'ailleurs été que trop souvent néfaste et, des cent mille baleines jubartes qui peuplaient les océans de l'hémisphère sud au XIXe siècle, il en reste à peine deux mille cinq cents. Hélas, bien que la jubarte soit totalement protégée depuis 1964, le nombre progresse peu, laissant toujours subsister la triste perspective d'une extinction complète. Ceci d'autant plus qu'elle a des habitudes migratoires régulières et se plaît près des côtes, où sa capture est à la fois plus aisée et plus difficilement soumise à un contrôle international.

Je restai un long moment à dériver à proximité, puis le jour déclinant, je m'en fus songeur vers la bahia Wide, à quelques milles de là.

Le beau temps en Patagonie maritime est lié en général à une période de vents en provenance du secteur est. Le jour suivant ne fit pas exception à la règle et en quittant la baie, avant l'aube, je pus enfin faire route à la voile. Les premières lueurs éclairèrent, sur la hanche bâbord, l'île Inocentes, là où le canal du même nom se jette dans canal Concepción. En face, sur la rive opposée de ce canal, s'ouvre celui qui court vers l'ouest (Oeste), menant à l'océan. J'étais encore trop éloigné pour déceler, à droite de son entrée, la plage de sable clair de Puerto Bermejo, petit refuge abrité par une île au profil allongé, derrière laquelle étaient ancrés jadis les deux navires de l'expédition de Sarmiento, attendant au cours des deuxième et troisième voyages de découvertes effectués dans la pinasse le retour de leur capitaine et de ses accompagnateurs.

Voulant profiter de la possibilité de faire voile, j'embouquai le canal de l'Oeste sans m'arrêter à Puerto Bermejo, remettant les prises de vues à plus tard.

Je ne sais si c'est dû à la lumière du soleil ou à son paysage particulier, mais le canal Oeste m'a semblé être une merveille. Parfois encaissé et à d'autres moments plus large mais parsemé d'îlots proches couverts de verdure, il longe l'ouvert de baies sinueuses et profondes, dont la dense végétation, éternellement verte, dissimule les mystérieux méandres. Avançant vers l'océan, les herbacées deviennent plus rares, laissant les cimes dénudées. Tranchant par rapport à d'autres, certaines montagnes aux sommets arrondis frappaient, ce jour-là, par leur couleur bleu ardoise, réfléchissant au gré des adrets ravinés tout l'éclat de cette claire journée.

Je n'avais jamais vu chose pareille, mais je n'allais pas tarder à en avoir l'explication.

En prenant cette route par le canal Oeste, j'avais l'idée de venir visiter une mine de pierre à chaux, en activité sur l'île Guarello. On accède à l'île en empruntant un bras de mer qui prend naissance à l'embouchure du canal, côté mer. Ce bras de mer se divise au nord de l'île et la fourche forme une baie spacieuse, dans laquelle sont implantés les services administratifs et les engins de manutentions portuaires de la mine. On les découvre avec étonnement, comme un anachronisme. Structures symétriques peintes en jaune vif, elles ne peuvent que trancher dans le paysage. M'ayant vu arriver de loin, trois aimables personnes m'attendaient près d'un petit quai, le long duquel un ancien remorqueur était amarré. Ils me firent signe de venir à couple de celui-ci et eurent la gentillesse de prendre mes amarres. Après de courtes présentations et une visite de mon *Williwaw* je fus invité à rencontrer le directeur de la mine, un très jeune et sympathique ingénieur.

Je pris le repas du soir en compagnie du staff. Il y avait le choix entre trois plats différents : me croyant affamé, ils me les servirent tous les trois. Mais comme ils ne cessaient de me questionner, je ne pus à peine toucher qu'au premier.

Les installations que je visitai le lendemain en compagnie du médecin, le seul homme auquel on n'aime pas donner du travail dans sa spécialité, sont celles d'une mine à ciel ouvert, un trou dans le sommet d'une île qui est, en réalité, un énorme bloc de pierre à chaux pure à 96 %. Une soixantaine de personnes travaillent à la mine, parmi elles une petite dizaine forent au marteau piqueur les cavités destinées à recevoir les explosifs nécessaires à l'abattage. Minuscules silhouettes sur les gradins élevés, je les filmai au téléobjectif. Ce sont eux qui produisent. Les autres membres du personnel se préoccupent de l'administration, de l'acheminement et du chargement de la pierre, de la centrale électrique, des services divers, tels que la cuisine, l'entretien, les loisirs, la buanderie, etc. Chaque membre du personnel masculin est détaché de son emploi dans les services de la firme mère à Talcahuano, pour venir travailler durant trois mois à l'île Guarello. Il y trouve une chambre individuelle moderne, un cadre agréable, de larges moyens de loisirs comprenant : radio, télévision, bibliothèque, salles de gymnastique, de conférences, d'activités sportives multiples et autres. Bref, il y dispose sans doute d'une infrastructure plus complète que celle dont il a l'habitude chez lui. Une ombre importante : il doit quitter femme et enfants. J'ai remarqué que la famille chilienne est très soudée et que ces trois mois de séparation semblent être ressentis comme un très grand sacrifice.

Le médecin m'expliqua que comme il pleut près de 6 000 millimètres par an à l'île Guarello, la mine est très peu poussiéreuse et particulièrement protégée des maladies professionnelles. C'est pour ces hommes, sans doute, la plus belle des compensations. Et par ailleurs, je suis certain qu'une courte séparation est souvent salutaire dans la vie d'un couple. Elle permet de faire le point, de ressentir le besoin de celui qui manque, de repartir sur des bases consolidées.

Je pensais profiter de mon séjour à la mine pour faire le plein de fuel. Hélas, ne disposant que de peu d'argent en monnaie locale et ne pouvant changer d'autres devises, je ne pus acquérir que deux cents litres de gazole, ce qui était peu pour la route qui me restait à couvrir.

Mon séjour à l'île Guarello manqua de peu de se terminer de façon plus que désagréable et subitement je ne voulus plus y rester davantage. En effet, entendant un bruit suspect au cours de la nuit, mon sang ne fit qu'un tour. Ce qui rompait la quiétude de mon sommeil me rappelait les dégâts commis par le rongeur de Saint-Cyprien et je ne tenais nullement à ce que mon bateau devienne le terrain d'un jeu sans frontières. Bref, il y avait un autre rat à bord. Quittant doucement ma couchette, sans l'effaroucher pour éviter qu'il ne se cache hors d'atteinte, j'éclairai le carré à l'aide d'une torche et découvris mon rongeur occupé à écorner une boîte contenant de la farine. Je ne fis aucun geste, me contentant de le tenir dans le faisceau lumineux de la lampe, tout en m'offrant le temps de réfléchir comment j'allais pouvoir l'éliminer, sans que, poussé par une action brusque, il ne cherche refuge dans un des multiples endroits, d'accès difficile.

La solution vint heureusement d'elle-même : le rat, gêné par la lumière, prit subitement la sage décision de partir par où il était venu, grimpa prestement le long du câble électrique qui me raccordait au réseau de la mine et disparut au-dehors, happé par l'obscurité de la nuit. Inutile de dire que j'obturai immédiatement tous les orifices et dès les premières heures, le lendemain matin, j'allai prendre congé de mes hôtes, un peu surpris de tant de hâte.

Je m'étais souvent demandé de quoi pouvaient se nourrir les multiples condors et autres prédateurs que je voyais régulièrement planer au-dessus des montagnes. La présence de rats me donnait pour le moins une réponse partielle. Le directeur de la mine me confirma que, durant l'hiver surtout, les bords de mer au climat plus tempéré sont infestés de rongeurs quittant les hauteurs de la montagne. Je ne conteste pas ses dires, mais je me demande néanmoins si les poubelles de la petite communauté n'offraient pas une source de nourriture dont les rats appréciaient l'abondance. On aurait aussi pu croire à un juste retour des choses : la mine trouait leur territoire, ils pouvaient bien creuser un peu dans le domaine des hommes.

Durant les deux jours de mon séjour à la mine, la météo avait été particulièrement clémente, mais en revenant dans canal Oeste, de sombres nuages dans le nord-ouest me donnèrent l'impression qu'un changement se préparait à court terme. Aussi, lorque je reçus un appel par V.H.F. d'une barque de pêche désirant troquer quelques *centollas*, je n'étais pas fort disposé à mettre en panne. Toutefois, les pêcheurs insistèrent ayant besoin de médicaments que je pouvais posséder. Dans ces conditions, je ne désirais pas refuser qu'ils s'amarrent à couple, le temps nécessaire.

Je vis tout de suite à la joue enflée du patron qu'il avait vraiment besoin d'un analgésique pour calmer sa rage de dents. Heureusement pour lui, j'avais aussi un médicament spécifique à introduire dans la cavité en attendant les soins d'un dentiste. Un de ses compagnons, ils étaient trois à bord, était malade à l'autre bout du tube digestif et nécessitait un anti-hémorroïdaire. Je le crus sur parole! Le troisième se plaignait simplement du froid et me fit comprendre qu'une bouteille de whisky ferait son affaire. En me rendant compte des conditions précaires dans lesquelles ils exerçaient leur dur métier, je leur donnai avec plaisir ce qu'ils me demandaient et n'exigeai rien en échange. Néanmoins ils me remirent un seau plein de pattes de *centollas*, qu'ils arrachaient en bloc des crustacés vivants, maintenant la carapace sous un pied, chaque main tirant d'un geste décidé sur l'une et l'autre des deux pattes avant. Après les remerciements d'usage et mes recommandations, faites avec un clin d'œil, pour qu'ils n'intervertissent pas l'usage des médicaments, nous nous séparâmes dans l'hilarité générale et avant le soir, dans la bourrasque naissante, j'entrais à Puerto Señoret.

Situé près de la pointe nord-est de l'île Madre de Dios et contigu à la baie Tom, Puerto Señoret est un excellent ancrage. Parfaitement abrité de tous les vents, il offre plusieurs bons mouillages, assez profonds toutefois, dans un petit bras de mer pittoresque. J'avais choisi celui du fond le plus enfermé.

Un rocher émergeant à marée basse rend l'entrée un peu étroite, mais le danger est balisé par des algues et, de jour, avec un peu d'attention, il ne devrait se présenter aucune difficulté pour un bateau facilement manœuvrable et de dimensions réduites. De nuit, l'entrée à Puerto Señoret serait dangereuse et il vaudrait mieux alors choisir de mouiller, à peu près un mille plus au nord-est, dans estero Henderson, si du moins on dispose de radar et d'une carte de détail.

Le mauvais temps sévit sans discontinuer pendant plus d'une semaine. Ce qui me permit de faire une vérification générale, d'effectuer les entretiens usuels dans le compartiment moteur et de mettre mes écrits à jour.

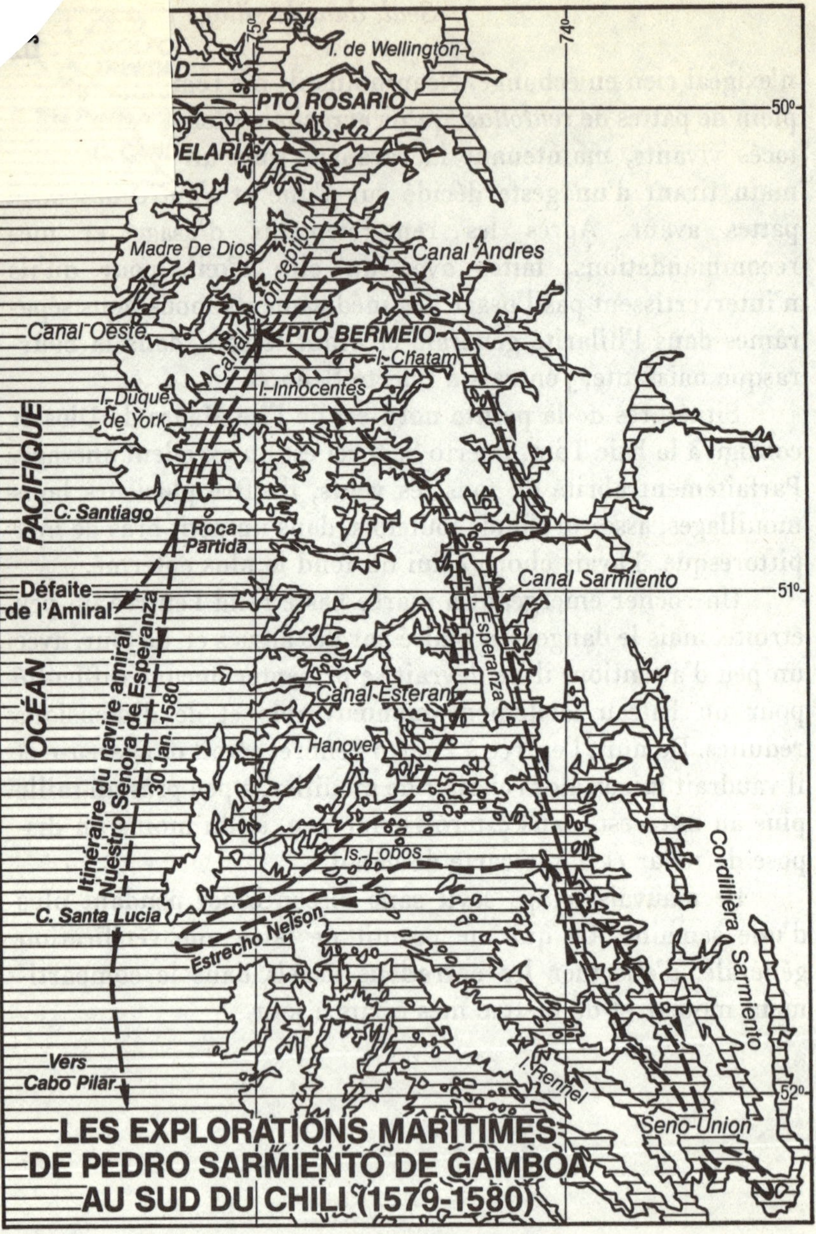

LES EXPLORATIONS MARITIMES DE PEDRO SARMIENTO DE GAMBOA AU SUD DU CHILI (1579-1580)

10

Seño Araya, canal Ladrillero, fin mai 1988

Le 17, croyant enfin le temps meilleur je sortis au matin de l'ancrage. Mais arrivé dans canal Concepción il s'avéra que j'avais été par trop optimiste. Le vent du nord-ouest soufflait toujours à la force sept et la houle très courte était dure. Il n'était pas indiqué dans ces conditions de traverser le canal Trinidad et je fus heureux de trouver, sans devoir revenir en arrière, un parfait abri dans estero Henderson.

Le 17 novembre 1579, en découvrant ce qui de la mer paraissait être une grande et profonde baie, l'expédition de Sarmiento se rapprocha de la côte. Un mont au sommet formé de trois pics fermait la baie dans le sud. Il inspira Sarmiento qui le nomma : golfo de la Sanctisisma Trinidad : aujourd'hui, moins pieusement : canal Trinidad.

Ce jour de novembre marqua le début des explorations de Sarmiento dans les chenaux côtiers. J'ai eu plusieurs fois l'occasion de rendre compte, forcément de façon très incomplète et dans le seul but d'éveiller l'intérêt pour cette très belle page d'histoire, de ce que fut la découverte de l'Amérique australe.

En traversant canal Trinidad, après avoir quitté estero Henderson et faisant route vers l'entrée du canal Picton, je [illegible] dernière fois cette attachante destinée qui fut celle [illegible] Pedro Sarmiento de Gamboa. Sur la côte, à ma droite, je fixai longuement mon regard et mes pensées sur Puerto Rosario, où il avait pu, après bien des difficultés, mettre les navires de son expédition en sécurité. Je me rappelai combien l'esprit qui régnait à bord du navire qu'il commandait était différent de celui motivant l'équipage de son second, Juan Villalobos. Celui-ci n'avait pas foi dans la réussite de l'entreprise et fit tout pour éviter de poursuivre, réussissant un peu plus tard, dans une tempête, à se séparer de son supérieur et à retourner au Pérou. Ainsi, apparaît une fois de plus, clairement, l'importance de l'engagement personnel. Sarmiento et Villalobos avaient les mêmes moyens physiques, vivaient des conditions identiques et pourtant quelle différence dans leurs destinées. Beaucoup semblent croire que l'on n'est pas maître de son destin : d'abord, parce que l'on ne peut choisir sa naissance. Et il est évident, en effet, qu'un jeune né dans un taudis urbain n'a pas le même potentiel de chances qu'un autre issu d'une famille aisée; qu'un malade ou un infirme, se voit privé de chances, tout comme un Africain du Biafra ou d'Éthiopie. Ceci ne peut se contester, mais je suis convaincu qu'entre les personnes d'une même catégorie, les destinées peuvent être très différentes et c'est cette différence qui comporte la part que l'on tient en son pouvoir.

N'oublions quand même pas que Franklin Roosevelt accéda à la présidence des États-Unis malgré une paralysie due à une attaque de poliomyélite; qu'Albert Camus était issu d'un milieu pauvre et qu'il était tuberculeux, de surcroît; que Martin Luther King était Noir américain; que Van Gogh se savait mentalement perturbé et que Ghândi n'était qu'un gringalet.

Ces quelques exemples pris au hasard de ma mémoire,

démontrent bien qu'il y a toujours des domaines où la volonté personnelle peut s'exprimer. Que vaudrait d'ailleurs une vie sans actions volontaires, sans initiatives et sans récompenses?

Et que vaudrait une communauté qui accepterait de considérer que tout est ordonné en dehors de nous? Que l'homme de bien ou le malfaiteur ne seraient l'un ou l'autre, simplement parce qu'ils devaient être tels. Quelle serait l'espérance de la jeunesse dans une société où personne ne serait responsable de rien et sur quoi donc se baserait la motivation des adultes?

Non, bien que la psychologie moderne restreigne le champ de l'action consciemment volontaire en la subordonnant à des inhibitions ou à des pulsions plus ou moins inconscientes, je reste convaincu de sa grande réalité et de ses énormes possibilités. Le tout c'est de croire en soi et ici nous rejoignons ce qui a été dit sur l'importance de l'accord intérieur. Pour mener une aspiration à bien et en créer la volonté nécessaire, il faut que l'ensemble de son « moi » soit disposé à aller dans la direction projetée. Toute action devrait débuter par la recherche de cette harmonie intérieure. Son absence mène à l'inconstance, au manque de dynamisme et à l'échec.

En franchissant l'entrée du canal Picton, je rejoignis le sillage des navires de l'expédition de Juan Ladrillero. Cette expédition avait quitté Valdivia le 17 novembre 1557. Elle se composait de trois navires : le *San Luis*, sous les ordres du capitaine général, le *San Sebastian*, commandé par Cortes Ojea et le *San Salvador*, capitaine inconnu.

Après avoir reconnu l'embouchure nord du canal Fallos et les eaux adjacentes, les navires reprirent le large, cap au sud. Peu après, une violente tempête les sépara et malgré leur désir, ils ne purent plus se réunir. Ils continuèrent donc séparément leurs explorations. Après avoir reconnu, durant près de deux mois, les chenaux depuis l'île Wellington jusqu'au détroit de Magellan, c'est-à-dire ceux que nous avons suivis dans le sillage de Sarmiento, Ojea avait dû chercher refuge dans le canal Picton. Son navire avait beaucoup souffert et s'était disloqué progressivement sous les coups de butoir d'une mer par trop dure. Il s'avéra rapidement que le *San Sebastian* tout comme le *San Salvador* n'étaient plus réparables et qu'il valait mieux les démanteler et reconstruire une nouvelle barque avec ce qui était encore récupérable et du bois frais pris sur place. Ce travail fut mené à bien dans une crique du canal Picton.

Malheureusement, Ojea fut très vague quant à sa situation exacte et celle-ci n'a jamais été connue avec certitude. Tout en passant, je jetai un regard interrogateur dans plusieurs échancrures de la côte, mais sans pouvoir me faire une opinion. Canal Picton n'offre pas beaucoup de mouillages connus. Il fait partie, avec les canaux Ladrillero et Fallos, d'une route alternative réservée à la marine chilienne qui, pour des raisons de défense nationale, n'édite pas de cartes complètes de ces eaux. Aucune sonde, par exemple, n'est indiquée sur les cartes disponibles pour le public. Comme la sortie du canal à hauteur du golfe Ladrillero est parsemée de hauts-fonds, cela pourrait créer un problème insurmontable. Heureusement, je disposais aussi de cartes anglaises qui bénéficient des relèvements faits du temps de la *Beagle* et surtout de ceux de l'expédition plus récente du capitaine Mc Clear à bord de l'*Alert* en 1879-80. Le but de cette expédition était spécialement concentré sur les canaux Trinidad et Picton, afin d'établir dans quelle mesure ces chenaux sont navigables et communiquent avec le golfe Ladrillero et le canal du même nom.

Ce sont Mc Clear et ses hommes qui ont cartographié pour

la première fois le passage très étroit et peu profond qui relie le canal Picton au golfe Ladrillero. Passage connu aujourd'hui sous le nom de Paso Picton. Ces relèvements sont certainement incomplets, mais valent de toute façon bien mieux que les blancs des cartes chiliennes. Néanmoins ce passage me préoccupait. Il n'a qu'une encablure et demie (273 mètres) de large et se situe en mer ouverte, relativement loin de la côte ou d'autres amers remarquables. L'îlot Latitude qui sert de référence, quant à la position de départ, doit être doublé à une distance de six encablures (1 092 mètres). Mais où se trouve cet îlot? Le nom n'apparaît pas sur la carte et il y a des dizaines de petites îles à proximité qui, toutes, pourraient se nommer Latitude. De plus, la carte anglaise ne donne pas la valeur des sondes hors du passage, ce qui fait que l'on ne sait pas se situer par rapport à lui, si par malheur on devait rater l'entrée ou sortir de son cours.

Ce point obscur dans la documentation disponible allait évidemment m'obliger à composer une stratégie. C'est en y pensant qu'une autre préoccupation, plus immédiate, se fit jour, sous la forme d'un grand banc de nuages, assombrissant le ciel dans le nord-ouest; signe précurseur des vents venant de cette direction. Les vents du Noroit sont les plus dangereux : ils peuvent se déchaîner brutalement et s'accompagnent de pluie et d'une visibilité médiocre. C'est eux qui engendrent les plus fortes tempêtes.

Je signale en passant que le navigateur en Patagonie a plus d'intérêts à regarder l'état du ciel qu'à se fier à son baromètre, car d'après mon expérience, il y a peu de concordance entre la pression barométrique et la force des vents.

J'avais hâte de me mettre à l'abri. Heureusement, Puerto Payne, un mouillage conseillé, n'était plus très éloigné et j'espérais pouvoir l'atteindre avant les premières rafales. Vœu qui fut exaucé lorsque j'arrivai, vers quinze heures trente, à l'ouvert de l'ancrage. Je remarquai immédiatement que la protection offerte par le petit cap, peu prononcé, derrière lequel il fallait mouiller, n'était pas très étendue aux vents venant du nord, mais comme je ne pouvais trouver mieux avant l'obscurité – les jours sont courts en Patagonie, au mois de mai – je rentrai le bateau le plus possible sous le cap et mouillai par huit mètres d'eau sur fond de sable, de bonne tenue, d'après les instructions qui conseillent ce mouillage. Comme je prévoyais la montée du vent comme étant imminente, je laissai filer soixante mètres de chaîne et vérifiai par une puissante marche arrière au moteur que l'ancre avait bien accrochée.

Les premières rafales firent trembler la mature peu après la tombée de la nuit. Elles atteignirent d'emblée la force de coup de vent. La nuit, sans lune, était absolument noire. Impossible de discerner quoi que ce soit, sinon au radar.

L'ayant branché, je remarquai que le bateau n'était pas parallèle au lit du vent. Le courant de marée, dévié par le cap, devait rentrer dans l'ancrage par un mouvement giratoire. Néanmoins, à moins d'une encablure de la côte et sous le vent du cap, il était parfaitement placé. Hélas, le vent du noroit est très variable dans son évolution : parfois il vire à l'ouest, parfois il recule au nord pour un temps, ne venant de l'ouest qu'en s'essoufflant. Comme le cap, trop peu proéminent, ne me protégeait pas complètement des vents du nord, cette dernière éventualité était quelque peu préoccupante, car je n'avais pas beaucoup de possibilités pour me défendre. Le canal Picton n'étant pas balisé, je ne pouvais quitter l'ancrage que de jour, encore que cela n'était pas à conseiller. Il n'y a aucun ancrage reconnu sous le vent et revenir dans canal Trinidad par gros temps ne serait pas sage. La seule action raisonnable était de laisser filer un maximum de chaîne, afin d'augmenter la tenue de l'ancre et éviter qu'elle ne dérape du socle exigu sur lequel se situait le mouillage, les profondeurs adjacentes étant de plusieurs centaines de mètres. La longue nuit s'entamait donc, avec deux prières : que le vent ne vienne pas du nord et que l'ancre tienne bon.

Même dans une baie parfaitement abritée, le plaisir d'étaler un fort coup de tabac n'est jamais complet, car le sifflement strident du vent qui s'écartèle dans la mâture devient vite lassant. Pour moi qui étais attentif à chaque bruit, il l'était d'autant plus. Je suivais chaque séquence : la montée du vent dans la rafale, le bruit de la chaîne qui se traîne sur le fond, alors que le bateau recule et vient l'étrave au vent, le crissement du bout en Nylon, maillé sur la chaîne comme amortisseur, se serrant sur la bite d'amarrage et, au-dessus de tout, le hurlement du vent. Je ressentais viscéralement les vibrations des mâts, le long gémissement des agrès, les embardées de la coque. Ce n'était pas le bateau que battait la tourmente. C'était moi! Tout, cette nuit-là, était démesuré. Progressivement le vent avait reculé au nord et la houle du canal avait investi le plan d'eau abrité. Le bateau roulait et tanguait de façon violente et désordonnée. Je vérifiais sans cesse la position au radar. Heureusement l'ancre tenait bon. Mais j'étais décidé de quitter Puerto Payne dès la première accalmie. Elle vint au cours de la matinée du surlendemain.

Ce fut comme une délivrance lorsque le guindeau arracha l'ancre du fond, mais en rentrant les derniers mètres de chaîne, j'entendis un cliquetis anormal dans le treuil et à nouveau la tension nerveuse monta. Heureusement, il ne tombait en panne qu'au moment de hisser l'ancre à bord. J'avais l'impression que c'était la même défectuosité que celle survenue au cap des Vierges. Le moteur tournait normalement, mais n'entraînait plus le barbotin. Néanmoins, je ne pouvais pas en être certain avant de démonter et cela je ne pouvais le faire qu'au prochain mouillage. Le souci restait donc entier.

Seño Artilleria, où je comptais mouiller, n'était distant que de six milles. J'allais donc assez vite savoir si je pouvais encore disposer du guindeau ou non. Autrement dit, si je pouvais continuer à remonter les canaux tel que prévu ou si j'allais être obligé de faire route au large, car virer l'ancre sans treuil n'était pas envisageable, compte tenu de la profondeur générale et du poids des ancres et des chaînes.

Le vent frais et la houle encore forte dans le canal retardèrent l'entrée dans seño Artilleria. La pluie et la visibilité médiocre ne me permirent guère de jouir du paysage, ni de filmer. Je le regrettais, car un rayon de soleil eût éclairé cette magnifique route qui mène de l'entrée du seño à la petite crique circulaire où est enfermé le mouillage. On y accède par un petit chenal étroit. Plusieurs cascades y déversent leurs eaux claires. J'avais rarement mouillé dans un endroit aussi pittoresque. Parfaitement abrité de tous les vents, j'allais pouvoir trouver une réponse à mes interrogations. En laissant tomber la C.Q.R., j'avais eu soin de choisir l'endroit le plus sûr, car je me savais dans l'impossibilité de recommencer la manœuvre. Aussi, dès mouillé, je commençai le démontage du guindeau, évitant le plus possible que la pluie qui tombait drue puisse être dommageable pour sa mécanique.

Fort de l'expérience vécue au cap des Vierges, je ne mis pas beaucoup de temps à déposer le moteur et c'est avec un pincement au cœur que je recherchai la raison de la panne. Heureusement, rien n'était cassé. Tout comme précédemment, le petit boulon s'était desserré, laissant échapper la roue dentée indispensable pour la transmission du mouvement. Je remis tout en place serrant le boulon à la limite du bris (il n'a qu'un diamètre de trois millimètres!) et terminai le remontage. Le treuil fonctionnait à nouveau parfaitement. J'allais enfin pouvoir me détendre un peu, avant de m'occuper de la route future par Paso Picton. Je voulais voir cela calmement, à tête reposée.

N'ayant pas encore mangé, je me fis un bon macaroni au gratin et me versai un verre de vin. J'aime bien les pâtes. Elles sont régulièrement au menu et alternent avec le riz, la purée de pommes de terre ou les haricots. Je prépare souvent les spaghetti à la Bolognese ou frits avec des oignons, type « nouilles sautées » des restaurants chinois. A ce propos, contrairement à la cuisine française, dans laquelle le nom d'un plat se rattache avec beaucoup de rigueur à la nature de ses composants et aux procédés de préparation, la cuisine chinoise est beaucoup moins stricte. Le cuisinier oriental est avant tout un opportuniste et ses recettes sont très souples. Il les adapte aux disponibilités de son marché et au goût de sa clientèle. En Angleterre il truffera ses plats de pois verts et chez nous de rondelles de carottes, mais, dans tous les cas, des oignons ou des rondelles de cœur de bambou feront son affaire. S'il ne devait pas avoir de nouilles, il frira des spaghetti ou à la rigueur des macaronis coupés. Pour lui la forme des pâtes ne serait qu'un détail. Bien sûr, il y a des limites : on ne peut pas faire un poulet au curry sans avoir l'un et l'autre, mais avec des pois, carottes, bambou ou oignons, ce sera toujours du poulet au curry! Je m'inspire assez bien de cette technique et compose des plats avec ce qu'il y a de disponible.

Néanmoins, j'ai un faible pour le macaroni gratiné au jambon et saupoudré d'Emmenthal. Parfois aussi je l'accompagne d'une sauce Mornay, liée aux œufs et montée au beurre. Mais dans les longues traversées, je suis plus économe : encore que parfois le beurre ou les œufs risquent de se gâter et il vaut alors mieux les consommer. Toutefois, les ingrédients de base de ma sauce, trois œufs, du beurre, du lait et de la farine font d'excellentes crêpes, donc pratiquement un repas entier. Ainsi, il y a un choix à faire et, suivant les circonstances, il est parfois préférable de ne pas tout mettre dans un seul plat.

Ayant bien mangé et pris un peu de repos, j'avais été chercher dans la cabine arrière, la carte anglaise du canal, la carte chilienne, laissant tout en blanc, ne m'étant d'aucune utilité. Je ne pensais pas devoir me presser, dehors il pleuvait et je ne comptais quitter ce bel ancrage que par beau temps. Mais un problème en suspens ne donne pas une réelle tranquillité et je préférais me donner une certitude de solution.

En y réfléchissant, il me semblait qu'en étant méticuleux j'arriverais à localiser Paso Picton par rapport à la côte et en l'absencce de pouvoir identifier l'îlot Latitude, par rapport à un autre îlot proche. La difficulté résiderait dans l'évaluation des distances. Comme l'entrée de la passe n'a que deux cents mètres de large et que l'îlot le plus proche tout comme la côte qui se profile à l'opposé en sont éloignés de plus de mille mètres, des points de repère rapprochés font défaut. En mer ouverte, l'évaluation des distances – à quelques mètres près – me paraissait bien incertaine : les cercles équidistants du radar dont je disposais, ne mesuraient que par quarts de mille et une beaucoup plus grande exactitude était nécessaire. Par bonheur, la carte indiquait la hauteur du mont Spite-Berg, sur la péninsule Wharton, à droite du chenal et celle de l'île Kalau sur la rive opposée; je pouvais donc, éventuellement, me positionner par des angles verticaux pris au sextant. Le tout était de ne s'engager qu'après avoir repéré la position de départ avec une très grande exactitude. Une fois celle-ci atteinte il suffisait de faire route sur le cap Boguslawski, amer proéminent et facile à reconnaître sur l'avant, pour rester dans la passe. Finalement, le passage me parut plus simple et j'étais satisfait de l'avoir pris sous la loupe, calmement et à tête reposée; j'avais ainsi acquis la certitude de posséder les moyens de faire face à la situation et de pouvoir me mettre en route avec confiance au moment opportun.

Ce moment vint plus vite que prévu. Le lendemain, dimanche 22 mai, le jour se leva dans un ciel serein. Le vent était passé à l'est, promesse certaine d'une embellie. Bien que j'eusse aimé m'imprégner davantage de la beauté naturelle de seño Artilleria, c'était une opportunité que je ne pouvais laisser passer. Très vite je fus prêt à partir. Hélas en relevant l'ancre, une fois de plus le treuil refusa et m'obligea à entreprendre un nouveau démontage. Toujours la même panne; le petit boulon serré la veille à la limite de ses faibles dimensions s'était à nouveau relâché. Je décidai de le remplacer par un autre en acier inoxydable et muni d'une tête hexagonale dont je pouvais plus facilement évaluer le serrage par rapport au boulon original, dont la tête renferme une cavité hexagonale intérieure et se serre avec une petite clé Allen, forcément flexible vu ses très faibles dimensions. Si je m'étais trouvé moins isolé, j'aurais reforé et retaraudé l'axe pour augmenter la grosseur du boulon et permettre un plus fort serrage, mais, bien que je disposais de l'outillage nécessaire, je préférais ne pas entreprendre ce travail dans les conditions précaires où je me trouvais. Pour éviter que la limaille du forage et du taraudage ne pollue la lubrification du treuil, il aurait fallu le démonter complètement et déposer l'axe à retarauder.

Le retard encouru par cette nouvelle défection du guindeau faisait à nouveau monter la tension intérieure, car je devais pouvoir atteindre l'ancrage suivant avant la nuit et il était distant d'une bonne trentaine de milles.

Bien que le guindeau m'ait donné des ennuis répétés, je reste néanmoins très satisfait de l'avoir acquis. Je suis parfaitement conscient qu'il s'agit d'une maladie de jeunesse facile à réparer et dont le constructeur, auquel j'ai fait part de mes doléances, tiendra certainement compte dans sa construction future. Je suis d'autant plus ravi de le dire que, suite au courrier échangé, la firme dont il est question m'a proposé de m'envoyer, à ses frais, un nouveau treuil à Buenos Aires. Proposition que j'ai déclinée, la jugeant trop généreuse et hors de proportion avec la simplicité de la réparation définitive. Pour moi, il ne fait pas de doute que le sérieux et la conscience professionnelle qu'exprime cette proposition de remplacement gratuit garantit un produit de qualité, mis sur le marché par une firme digne de toute confiance.

Je quittai enfin l'ancrage vers dix heures trente. Le temps s'annonçait splendide et je remerciai la providence de m'accorder cette belle journée pour franchir Paso Picton.

Au fur et à mesure que je m'approchais du golfe de Ladrillero, la houle de l'océan devint plus forte. La mer n'avait pas encore effacé les suites de sa colère récente et se brisait avec fracas sur la côte. Le vent faible, gonflant à peine la voilure, n'appuyait pas suffisamment le bateau qui roula bord sur bord. Devant Paso Picton, je me rendis compte que je n'avais droit à aucune erreur : toucher le fond équivalait à perdre le bateau et probablement la vie. M'interrogeant, je m'enquis de la détermination intérieure. Y va-t-on ? La réponse me détermina à aller de l'avant. J'étais exactement à l'entrée de la passe, le radar et le sextant le confirmaient. Comme prévu, j'avais le cap Boguslawski en point de mire.

J'aurais voulu pouvoir rester sur le pont, mais le soleil aveuglant ne me permettait pas de voir devant moi, ni de percer du regard l'opacité des flots. Et chaque fois que je quittais la cabine arrière, j'étais ébloui par la clarté extérieure, incapable de voir les indications du radar ou de l'écho-sondeur. Je devais donc rester à l'intérieur et suivre au sondeur les soubresauts d'un fond très irrégulier à l'approche de la passe, alors que le radar me guidait vers le cap Boguslawski.

Soudain le fond remonta comme un mur. La ligne traçant le profil du fond venait presque à toucher celle qui représente le bas de la quille. La profondeur n'était plus que de sept mètres. Ou j'étais sorti de la passe, ou la carte anglaise, basée sur des relèvements très anciens et donnant le fond par neuf mètres, ne se rapporte plus exactement aux conditions actuelles. Je ne pouvais le savoir. Mais je devais surtout rester calme et ne commettre aucune action irréfléchie. Je poussai rapidement la tête au-dehors dans l'espoir de voir une indication, mais la réfraction du soleil sur la mer était tellement forte que je rentrai complètement aveuglé et dans l'impossibilité de voir encore les indications de l'écho-sondeur. J'avais beau écarquiller les yeux, je ne voyais plus rien. Je sautai sur le pont, baissai la voilure et mis le bateau en panne en n'ouvrant les yeux que de temps à autre. Il n'avait pas touché le fond. Revenu dans la cabine arrière, la vue s'améliora progressivement, le fond était toujours à six mètres. Le roulis était maintenant très important. Je mis le moteur en avant lente et suivis avec une grande tension le profil du fond. Minutes interminables. Puis, il me sembla que la profondeur augmentait légèrement. Le profil se dessinait en dents de scie et chaque remontée fut ressentie comme un supplice. Mais la distance parcourue depuis l'entrée dans la passe devait me rapprocher beaucoup de sa sortie. Et l'espoir d'avoir passé le point névralgique grandissait. Très progressivement le fond se déroba sous la quille. Il n'y avait plus de doute : le danger était passé. Je sortis de la cabine pour prendre un bol d'air. En regardant le sillage, je remarquai avec étonnement que je venais de passer à côté d'une petite bouée. A coup sûr, elle marquait la lisière du banc côtier. Le chenal était donc balisé. Je ne pouvais pas le savoir. Cela n'était indiqué nulle part. J'aurais facilement pu repérer la bouée au radar et cela m'aurait épargné pas mal d'anxiété. Mais je n'y avais pas fait attention et l'écho s'était perdu dans ceux provoqués par la houle. Comme consolation, elle me démontrait que ma navigation avait été très précise. C'était malgré tout une satisfaction.

Le chenal s'élargit au fur et à mesure que l'on se dirige vers le cap Boguslawski que je passai à un demi-mille de distance. Je me trouvais alors dans le golfe Ladrillero, à l'ouvert de l'océan. La houle battait le cap avec une grande violence. Les vagues éclataient dans un bruit de tonnerre, en une nuée de gouttelettes, formant comme un nuage de poussière d'eau. Le roc heurté grondait sous les chocs. Mon Dieu, que c'était impressionnant. Je naviguais en vue d'une mort violente. Le bateau n'était plus qu'un fétu de paille. J'avais rehisssé la voilure pour le stabiliser, mais il n'y avait pas un poil de vent et les voiles, serrées au centre, se creusaient tantôt d'un côté, tantôt de l'autre, au gré d'une mer toujours inapaisée. Le moteur tenait ma vie dans ses cylindres, mais, sans doute reconnaissant d'avoir été toujours bien soigné, il ne refusa point service et avant la nuit tombante je pus atteindre l'ancrage dans seño Araya, un bras de mer qui prend naissance dans le canal

Ladrillero. J'y laissai tomber l'ancre, soulagé. Une certaine euphorie remplaça la tension nerveuse de cette captivante journée. Mais je dormis mal cette nuit-là. Une peur rétrospective entrecoupait mon sommeil de cauchemars. Je voyais mon bateau se briser sur les récifs devant le cap Boguslawski. Une fois de plus je pensais à Laurent. Qu'était-il devenu après nos adieux dans le détroit de Magellan? Qu'aurait-il pu faire ici aujourd'hui dans Paso Picton? Je me le demande. Tout naturellement je pensais aussi à mes prédécesseurs et spécialement à Ladrillero qui avait donné son nom aux eaux traversées ce jour. Malheureusement, je n'avais pas pu trouver une copie de son journal de bord. J'aurais aimé pouvoir en parler plus. Étant sur place, j'aurais mieux pu comprendre et expliquer les péripéties de sa navigation et savoir comment Ojeda et lui ont pu reconnaître cette partie si tumultueuse de la côte chilienne.

Je filmai un peu le lendemain matin, puis laissant la caméra sur le pont, je quittai l'ancrage par la passe est. Arrivé en vue des eaux du canal Ladrillero, je remarquai aux multiples moutons que le vent y soufflait avec violence. Dans ces conditions, je préférais rester au port et retourner à l'ancrage. Oh ce n'était certainement pas pour y perdre mon temps. Il y a toujours à faire et de plus j'avais envie d'écrire, d'extérioriser la tension nerveuse des jours derniers. C'est ainsi qu'en ce jour du 23 mai, je mis mon journal à jour.

11

Valdivia, juin 1988

Seño Araya comporte deux entrées. L'une d'elles est ouverte vers le sud et exempte de dangers. C'est celle par laquelle j'étais entré. L'autre s'ouvre vers l'est et offre un raccourci appréciable pour le navire qui fait route au nord. Un roc, à fleur d'eau, est signalé se trouver au centre de la passe. Il n'apparaît pas sur la carte anglaise, ayant probablement été découvert après son impression. La carte chilienne, comme déjà signalé, n'offre aucune indication quant au profil du fond. Toutefois, les instructions chiliennes signalent cette obstruction comme se trouvant à trois cents mètres au large de Punta Norte (la pointe nord). Malheureusement, le nom de cette pointe n'est pas repris sur la carte et comme la côte est assez découpée, chaque protubérance de la rive au nord de l'entrée pourrait être la pointe en question.

Une fois de plus, donc, je surveillai l'écho-sondeur et naviguai à vitesse réduite au sortir du seño Araya. A un certain moment, me trouvant au centre d'un passage large d'un tiers de mille et coulant entre la côte et une petite île, je me rendis compte que je devais forcément me situer à près de trois cents mètres de chaque rive. Je décidai donc de m'écarter immédiatement de la côte nord. Bien m'en prit, car à ce moment précis le fond monta à la verticale et j'évitai le roc de peu. Je ne m'attendais nullement à le trouver là. Les fonds environnants étaient très importants et je m'imaginais que punta Norte devait se rapporter à une protubérance plus marquée que celle qui était dans le travers. Néanmoins, j'étais très attentif et c'est précisément en ne relâchant pas l'attention que j'évitai sans dommage cette obstruction mal placée.

Les conditions dans le canal Ladrillero étaient assez quelconques : vent du nord, force cinq, courant contraire d'environ deux nœuds, baromètre en baisse à 1 016 millibars, ciel couvert et nuages filandreux accrochés aux montagnes. Paysage gris peu photogénique. Je préférais dans ces conditions ne pas faire une longue étape. Un ancrage signalé dans seño Albatros, distant d'une douzaine de milles, me convenait parfaitement. Malheureusement, arrivé sur place, je constatais que l'accès devait se faire par un chenal d'une trentaine de mètres de large et dont la profondeur à son ouvert s'avéra très faible. La marée descendait : si je touchais le fond je n'aurais peut-être pas pu me dégager et, en se couchant, la mature serait venu s'appuyer sur les parois rocheuses, avec tous les risques que cela comporte. Tournant un moment en rond dans le seño, je ne trouvais aucune profondeur inférieure à cent mètres. Il fallait donc chercher autre part à passer la nuit. Une dizaine de milles plus loin, à l'entrée du canal Fallos, s'ouvrait la baie Prusiana. Se divisant en deux, elle offre un bon ancrage dans le bras qui s'ouvre vers le sud.

J'atteignis la baie en empruntant l'angostura Sueca, un magnifique chenal, très étroit mais profond, qui se déverse dans la baie où je trouvai un excellent abri.

La baie Prusiana et les chenaux adjacents ont été explorés et cartographiés pour la première fois en 1884 par le navire de guerre allemand *Albatros.* Le Chili a conservé pratiquement tous les noms de lieux donnés par cette expédition et ceux-ci se rapportent quasi exclusivement au pays d'origine de l'*Albatros.*

Durant la nuit, la direction du vent changea subitement et vers une heure du matin je dus réancrer le bateau, celui-ci venant trop près de la côte à mon gré. Le vent s'était mis à souffler de l'est, ce qui est inhabituel, mais de bon augure. Au matin, il était passé au sud, opportunité qu'on ne peut laisser passer passivement. Malgré le temps gris et une fine bruine qui mouillait et donnait froid, je mis en route, heureux de cette perspective de naviguer par vent portant et atteignis le canal Fallos à dix heures trente-cinq.

Au début de l'après-midi, le ciel s'ouvrit et un rayon de soleil, rehaussant clairs et ombres, affirma les douces perspectives qui caractérisent l'entrée du canal Erhard. Ce canal court entre la grande île Wellington et l'île Knorr. Il relie le canal Fallos au canal Aldaberto. Il est étroit, sinueux et très pittoresque. J'y naviguai avec prudence, n'ayant que peu d'indications sur les profondeurs. En fin d'après-midi, j'atteignis un bon abri, bien protégé, puerto Kaiser, certainement visité par l'*Albatros.* J'y ai passé une nuit parfaitement tranquille et réveillé par le chant de quelques oiseaux, j'ai guetté, dès l'aube, le lever du soleil dans un ciel serein. Une brume de beau temps estompait les contours de la baie, habillant le paysage d'un flou d'une très grande douceur. Les voiles ferlées étaient couvertes de rosée et les haubans pleuraient. Il n'avait pas gelé cette nuit. Je traînai un peu avant de me mettre en route, car j'aurais beaucoup aimé pouvoir fixer ce chenal, peu connu, sur la pellicule. J'avais installé le quadripode portant l'Eclair à l'avant du pont. L'étroitesse des plans d'eaux et l'absence de vent me garantissaient un pont horizontal et une image parfaitement stable.

La clarté étant suffisante, je quittai puerto Kaiser et tout en tournant quelques plans j'atteignis l'embranchement du canal Aldaberto, splendide chenal menant vers le canal Messier. Ce fut une journée magnifique, au terme de laquelle je retrouvai caleta Connor, où je m'étais abrité au cours de quelques-uns de mes voyages en Patagonie. J'étais venu là avec ma fille Martine en 1973 et avec Jean Bourgeois en 1978. Que de chemin parcouru depuis! Pour eux et pour moi. Ces souvenirs versèrent une larme de mélancolie dans mon cœur. Vraisemblablement, si la providence le permet, je reviendrai encore à caleta Connor, lors du voyage de retour vers l'Europe. Mais ce sera alors sans doute la dernière fois et cela me porte à entrevoir la fin de ces navigations qui ont été si importantes dans ma vie. Ce n'est pas de gaieté de cœur que je resterai définitivement au port.

Mais, ce ne sera pas non plus avec dans l'âme une tristesse incurable. Je n'ai jamais recherché la solitude pour fuir les autres, mais pour me rapprocher de moi-même. Jamais, je ne l'ai considérée comme une finalité, mais comme une étape nécessaire dans mon évolution. Je crois maintenant qu'elle m'a donné tout ce qu'elle avait à offrir et je serai heureux de retrouver plus régulièrement la quiétude d'un port d'attache, des affections solides et la gentillesse, jamais démentie, de mes enfants. Je suis convaincu que ma longue et heureuse expérience marine m'a préparé, en me comblant intérieurement, à donner, plutôt qu'à recevoir et c'est pour cela que je ne vois pas le terme de cette étape de ma vie, comme le déclin d'un bonheur, mais au contraire comme la naissance d'une nouvelle félicité. La mélancolie ressentie à caleta Connor comportait déjà, en évoquant le souvenir de liens du cœur, le regret d'avoir été tant de mois, privé de la joie d'extérioriser amour et amitié.

Je quittai caleta Connor dès les premières clartés. Je désirais gagner au soir la mer ouverte, au sortir de la baie de Tarn. Une cinquantaine de milles me séparaient de l'océan, le vent était favorable, la météo excellente. La descente du canal Messier fut sans histoire et, tel que prévu, je doublai le phare de San Pedro au déclin du jour.

Le vent du Suet était vraiment un don du ciel. Le golfe de Peñas a très mauvaise réputation. C'est le golfe de Gascogne du marin chilien. En laissant sur l'arrière les ultimes éclats du phare, l'océan fermait le cercle horizontal.

Favorisée par les conditions anticycloniques, la traversée vers Valdivia s'effectua sans histoires. Je n'empruntai pas la route intérieure qui m'aurait permis d'atteindre le golfe Coronados, à partir de la baie Anna Pink, considérant que la saison hivernale, ses pluies, ses brumes et la courte durée diurne ne réunissaient pas des conditions favorables pour un reportage filmé. D'autre part, cette très belle partie des chenaux intérieurs, si elle n'a pas été le terrain des découvertes du XVIe siècle, constitue néanmoins le sujet d'un documentaire sur la colonisation des régions de Chiloé et des archipels de Guaitecas et Chonos que j'espère réaliser au cours du voyage de retour vers l'Europe et en saison estivale.

Je remontai le Rio de Valdivia au cours de l'après-midi du premier jour de juin, à peine cinq jours depuis le départ de caleta Connor. C'était une assez belle journée. Le fleuve offrait un paysage coloré des infinies nuances d'une végétation fournie. Les frondaisons, prenant pied à même les berges, recouvraient de leur image la surface de ses eaux calmes. J'avais l'impression que l'éventail ridé du sillage, courant à l'encontre des mille reflets paisibles de cette nature sereine, prolongeait au-dehors la félicité de mon état d'âme. J'étais heureux, en harmonie avec ce qui m'entourait. Reconnaissant à la création de m'offrir une aussi belle et agréable fin de voyage. De m'avoir permis de ramener mon bateau à bon port. De m'avoir donné le bonheur de pouvoir, en jetant un regard rétrospectif, conserver une fierté intérieure.

Ce matin-là, comme je l'avais fait à chaque réveil depuis longtemps déjà, j'avais remercié le ciel de m'accorder une nouvelle journée à vivre. Elle se déroulait de façon très heureuse. Et comme toujours, les jours plus sombres donnaient la mesure de son éclat : ils n'avaient donc pas été vains.

Un petit avion nous survola en battant des ailes. Je pouvais voir, derrière les hublots, des visages souriants et des mains agitées. Des amis étaient venus à ma rencontre. Je devais les retrouver quelques instants plus tard en m'approchant du port. Tite, se tenant sur un quai à droite du chenal, faisant de grands signes, bien inutiles d'ailleurs, pour que je m'approche. Lestement il sauta à bord. Heureuses retrouvailles : sur l'autre rive Eberhard était également là. J'étais ému. Nous amarrâmes le bateau au yacht club. Une nouvelle page s'offrait à être vécue.

Epilogue

Le voyage qui a fait l'objet de ce livre a été réalisé entre le mois de mai 1987 et le mois de juin de l'année suivante. J'avais comme objectif de parler de mes propres expériences et de celles vécues par les expéditions de la grande époque des découvertes que fut le XVIe siècle. Je ne me prétends nullement historien, mais je tenais à apporter un témoignage sur les conditions marines, géographiques et climatiques des régions découvertes, en suivant exactement leurs itinéraires, vivant ces conditions dans la cosmologie qui fut la leur. Je crois que c'est une justice à rendre à cette navigation du XVIe siècle, qui nous paraît tellement éloignée et que tant considèrent par méconnaissance comme archaïquc et primitive, que de démontrer les capacités physiques et les aptitudes manuelles de ces hommes naviguant à l'orée des connaissances cosmographiques. Je fus particulièrement impressionné par le raisonnement et la science intuitive de Magellan qui sut, en observant les courants, la salinité de l'eau, sa couleur, sa faune et tout autre indice susceptible de l'éclairer, éviter des pertes de temps considérables en explorant des chenaux sans issue ou non reliés directement à l'océan qu'il cherchait à atteindre. La découverte du détroit fut remarquable dans ce sens. Il ne se trompa pas une fois.

Les performances véliques des navires de l'époque et principalement de la caravelle et de ses dérivés sont une autre source d'étonnement. Il faut vraiment avoir vécu les conditions météorologiques et la géographie découpée de la Patagonie pour pouvoir rendre compte des incomparables qualités manœuvrières de ces navires et de la capacité opportuniste des marins de l'époque. Les voyages de Ladrillero et Sarmiento sont particulièrement édifiants de cette habilité à faire face aux situations les plus périlleuses. Reconstruire un navire à partir des arbres rabougris et tordus par les vents était monnaie courante à l'époque. Mais songez avec quels outils et avec quelle main-d'œuvre, équipages sous-alimentés, souvent malades du scorbut. Ma réalisation personnelle s'efface devant tant d'ardeur, de courage et de don de soi.

En arrivant à Valdivia, d'où étaient partis Ladrillero, Hojea et Sarmiento, se terminait pour moi cette évocation historique. Mais j'espère avoir donné au lecteur l'envie d'en savoir davantage et le désir de chercher à mieux connaître ce que fut la découverte européenne de l'Amérique australe.

Je ne pourrais clore ce sujet sans rappeler que cette découverte n'est pas terminée et que, tous les jours de l'année, des équipes chiliennes rectifient et complètent, avec des moyens modernes, les relèvements antérieurs. Le Chili n'a jamais minimisé l'apport des expéditions scientifiques européennes : il n'est donc que simple justice de reconnaître aujourd'hui les mérites de ses propres travaux. Ils sont considérables et dignes de la reconnaissance de tous les marins.

En ce qui concerne plus spécialement le voyage de *Williwaw*, je suis heureux de pouvoir, une fois encore, rendre hommage à son architecte, Louis Van De Wiele et à son constructeur, les chantiers Michot Frères à Thuin. Après vingt années de navigations ininterrompues et plus de deux cent mille à son loch : le bateau est toujours encore à l'état neuf.

Au cours du présent voyage, il a pu, conduit pour la plus grande part par un homme seul, suivre le sillage de plusieurs des plus remarquables expéditions reprises dans les annales de la navigation, sans connaître aucune avarie et sans jamais avoir perdu l'entière confiance de son capitaine. Beaucoup penseront que les temps ont bien changé et qu'aucune comparaison avec les expéditions dont il est question n'est possible et ils ont raison. Toutefois, j'aimerais faire remarquer que la mer et les vents, ainsi que les distances sont restés identiques. La géographie également, mais je concède qu'aujourd'hui elle est beaucoup mieux connue qu'alors. Il n'empêche que les courants, hauts-fonds ou autres dangers, sont toujours présents et que le bateau doit être capable d'étaler les uns et éviter les autres. Bien sûr *Williwaw* dispose d'un moteur auxiliaire. Mais il n'y a pas de stations-service dans le détroit de Magellan et entre Punta Arenas et Valdivia, je savais ne pas pouvoir le ravitailler en gazole. Il a donc dû souvent marcher à la voile.

En élargissant le propos au-delà des seules capacités du bateau, on ne peut pas perdre de vue que malgré l'équipement moderne, les anciens conservent certains avantages et d'abord celui d'avoir pu compter sur un équipage nombreux. Une caravelle, bateau d'une longueur de moins de vingt-cinq mètres, disposait couramment de plus de cinquante marins. Ils n'étaient pas équipés comme nous, par exemple, d'un échosondeur, mais disposaient d'une annexe et d'hommes pour sonder les eaux en avant de leur navire, alors que notre électronique sonde la profondeur directement en dessous de la quille et parfois, lorsque l'obstruction est accore, trop tard.

Ceci étant dit sans vouloir, le moins du monde, minimiser l'énorme mérite des anciens.

Je tenais à ne pas taire ceux de mon bateau, ni, par fausse modestie, ceux qui éventuellement me reviennent, car bien que d'aucuns, avides de situations dramatiques, m'aient reproché que dans mes récits de voyages il ne se passe rien – je n'ai jamais eu à rendre compte de voiles éclatées, mâts brisés ou autres naufrages –, j'ai la conviction que la grande majorité des lecteurs comprennent que la simple fortune de mer ne peut expliquer les multiples avaries et accidents qui ont parfois endeuillé la navigation de plaisance et que, derrière des malheurs qui sont présentés comme inhérents à la mer, se cachent pas mal d'erreurs ou de négligences. Il me paraît assez affligeant de constater que, si pour une minorité, le spectaculaire se limite à ce qui est excessif et violent, les médias emboîtent le pas et n'assument qu'une partie de leur devoir d'informer en préférant trop exclusivement rendre compte de ce qui tourne mal.

Je reste pourtant convaincu que, vu sur un plan général, le témoignage d'une réalisation heureuse donne à partager dans le public une perspective autrement encourageante que la suite de heurts et malheurs journellement commentés. Mon expérience personnelle, glanée comme conférencier, me donne la certitude que le public dans sa grande majorité préférerait une information plus équilibrée et moins pessimiste.

Dans le courrier trouvé à Valdivia, une lettre m'a fait un immense plaisir. Elle était datée de Punta Arenas et écrite de la main de Laurent. Je ne donne pas d'autres détails, supposant qu'il aimerait écrire lui-même le récit de ses aventures. Mais je suis heureux de communiquer mon soulagement. Laurent et *Timsah* vont bien.

Annexe 1

Essai de chronologie en relation avec les voyages de découvertes

1420. Construction des premières caravelles au Portugal. La caravelle a tenu une fonction prestigieuse dans l'histoire de l'humanité. D'origine arabe, elle était de dimensions réduites, n'excédant pas une capacité de 200 tonneaux.

Le tonneau est une mesure de volume, le déplacement une mesure de poids. Un tonneau de l'époque valait 40 pieds cube ou 1,132 mètres cube. (La mesure internationalement admise aujourd'hui et désignée sous l'appellation : *Register ton,* vaut 100 pieds 3 ou 2,83 mètres cube l'unité.)

1430. Premières expéditions portugaises en Afrique, sous l'impulsion d'Henry le Navigateur.

1486. Après avoir progressé par étapes vers le sud, le long des côtes africaines, les Portugais doublent le cap de Bonne-Espérance en route vers les Indes orientales, dont les richesses étaient connues par le voyage de Marco Polo.

1492. Mise au courant de la bonne fortune portugaise, l'Espagne cherche à atteindre les Indes par une route en direction opposée. Colomb découvre une île des Bahamas, qu'il appelle San Salvador.

La sphéricité de la Terre est, à cette époque, généralement acceptée en Europe de l'Ouest.

Les Indes, telles que définies alors, comprennent entre autres : la Chine, le Japon, l'archipel des Moluques, l'Indonésie, la Thaïlande.

1494. Pour régler le partage des nouvelles découvertes intervient le traité de Tordesillas. Bulle du pape Alexandre, instaurant le méridien situé à 370 lieux à l'ouest des îles du Cap-Vert, comme ligne de démarcation. Comme la lieu espagnole valait 3,18 milles, la frontière entre les possessions portugaises et espagnoles était déclarée se situer à une distance de 1 176,6 milles de l'archipel du Cap-Vert et coïncidait en conséquence, à peu de choses près, avec le méridien de 45° 30′ de longitude ouest. Dorénavant les découvertes qui se feront à l'est du méridien seront portugaises, celles qui se feront à l'ouest espagnoles.

1500. Pedro Cabral, naviguant pour le compte du Portugal vers le cap de Bonne-Espérance, dérouté par des vents contraires, touche par hasard la côte du Brésil et croit avoir découvert une île. Il ne s'y attarde pas, mais mentionne sa découverte à la première occasion.

1502. Amérigo Vespucci, envoyé pour reconnaître la découverte de Cabral et en prendre possession au nom du Portugal, arrive à Rio de Janeiro. Amérigo se rend compte que la côte découverte par Cabral appartient en réalité à une vaste terre. Elle sera baptisée de son nom, Amérique.

1516. Rivalité grandissante entre l'Espagne et le Portugal.

Suite à la prise de possession de Vespucci et afin de constater où la ligne de démarcation partage le continent américain, l'Espagne envoie Juan de Solis dont les expéditions mènent, au terme de la seconde, à la découverte du Rio de la Plata. De Solis sera tué et mangé sur les bords du fleuve par les indiens Guaranis.

1520. Magellan est persuadé qu'il trouvera une route permettant d'atteindre les Indes par l'ouest. Il est convaincu de trouver un passage sur la côte américaine. Le détroit est atteint le 21 octobre 1520. La flotte évite le récif qui prolonge le cap des Vierges, passe le cap Dungeness et jette l'ancre dans Bahia Posesión.

L'Armada est alors réduite à quatre navires : *Trinidad, Concepción, San Antonio* et *Victoria.*

La *Santiago* s'étant perdue près de l'embouchure du Rio Santa Cruz, le 3 mai 1520.

Profitant d'une exploration dans canal Whiteside et Bahia Inutil, la *San Antonio* aux mains de mutins s'échappe et retourne en Espagne.

Les trois navires loyaux atteindront le Pacifique le mardi 28 novembre 1520. (La date est controversée, certains auteurs la situent le 27.)

1525. La ligne de démarcation, imposée par le traité de Tordesillas en 1494, telle qu'elle était connue à l'époque devait être précisée davantage en ce qui concerne les territoires du Pacifique.

Les cours d'Espagne et du Portugal appointèrent une commission d'experts pour régler les questions de souveraineté, mais comme personne, même après la circumnavigation de Magellan, n'avait une idée de l'étendue exacte du Pacifique, aucun des experts n'était capable de formuler les coordonnées géographiques des terres du Pacifique et tout naturellement cette réunion de spécialistes n'aboutit pas.

Heureusement pour l'Espagne d'ailleurs : car si l'on prolonge la ligne de démarcation, le méridien de 45° 30′ ouest vers le sud, il donne la bosse du Brésil au Portugal et le reste des Amériques à l'Espagne. Toutefois, si on prolonge le méridien par-delà le pôle, il devient celui de 134° 30′ de longitude est et laisse les Philippines, les Moluques et presque toute l'Indonésie aux Portugais, n'allouant à l'Espagne que les Mariannes, la Polynésie et la Micronésie.

Après l'échec de la réunion d'experts, Charles Quint décida d'occuper militairement les Moluques et dans ce but arma l'expédition de Jofré de Loaysa.

Elle se termina mal pour l'Espagne et finalement en 1529 Charles Quint, amoureux d'une princesse portugaise, renonçait à ses droits de souveraineté sur les îles aux épices.

Suivent des expéditions dont le but est de consolider les positions espagnoles en Amérique du Sud.

1526-1530. Sebastian Caboto.

1534-1535. Simon de Alcazaba.

1618-1619. Bartholomé Garcia et Gonzalo del Nodal.

Les moyens de navigation au XVIe siècle

Au début du XVIe siècle, la navigation se base essentiellement sur l'estime. Les pilotes les plus évolués prennent la hauteur de l'étoile polaire et après 1505, date à laquelle paraissent les premiers éphémérides correspondants, aussi celle du soleil.

Les instruments de mesure sont : l'astrolabe et le quadrant. L'heure se conserve à l'aide de sabliers. Le chronomètre ne sera inventé qu'en 1750 et en 1833 la Marine royale française ne disposera encore que de quarante-quatre chronomètres pour deux cent cinquante navires.

La représentation schématique des directions et distances, données indispensables aux navigateurs, s'améliore dès le XIIIe siècle avec la diffusion des cartes et livres portulans : précurseurs immédiats de nos cartes marines et instructions nautiques. Les cartes-portulans sont dressées d'après les observations pratiques des navigants. Leur canevas, la toile de fond sur laquelle se reproduit le tracé des côtes, se caractérise par un nombre de segments disposés en différents faisceaux, ces derniers étant séparés les uns des autres de façon à fournir des données utilisables sur l'entière surface de la carte. Les segments formant chaque faisceau partent d'un même centre et sont disposés de façon à diviser une circonférence, représentée souvent comme une rose des vents, en seize secteurs identiques et complémentaires dont les sommets forment un angle de 22° 30′. Ces segments, doubles aires de vent, lignes de rhumbs ou loxodromies, couvrent les cartes et fournissent les références desquelles le navigateur déduira les directions et les caps à gouverner. Chaque carte-portulan est dressée d'après une échelle propre, proportionnelle à une distance connue séparant deux lieux représentés. Elle ne suit pas les règles d'une projection définie tenant compte de la sphéricité de la terre, mais se limite à offrir une aide pratique couvrant une aire de navigation limitée. Ces cartes, régulièrement tenues à jour, dispensent la somme des connaissances géographiques de l'époque. Lorsqu'elles concernent des endroits peu visités, elles sont forcément incomplètes et peu exactes. Pour les marins espagnols, elles sont élaborées par la Casa de Contratación à Séville; pour les Portugais, par la Casa da India à Sagrès.

Elles font partie des secrets d'État et leur divulgation est très sévèrement punie. Comme les cartes-portulans ne mentionnent à l'origine aucune coordonnée géographique, elles présentent une grave lacune pour le tracé de routes océaniques. La difficulté de préciser une position loin des côtes préoccupe grandement les cosmographes et vers 1505, à l'époque où paraissent les premiers éphémérides du soleil, le Portugais Nicolaus de Caverio réalise le premier planisphère comportant une échelle de latitudes. Il est vraisemblable que Magellan, dont la cartographie avait été préparée par un groupe de cosmographes auquel collaborait activement Diogo Ribiero, un Portugais, tout comme lui passé depuis peu au service de Charles Quint, disposait des données de l'atlas, publié au Portugal vers 1519 et connu actuellement sous le vocable « Miller », du nom de son dernier propriétaire privé. Cet atlas contient les premières cartes-portulans comportant une échelle de latitudes. Certaines d'entre elles font aujourd'hui partie des collections du département cartes et plans de la Bibliothèque nationale à Paris. Leurs auteurs ne sont pas connus avec certitude.

La projection Mercator, universellement adoptée depuis, date de 1569.

La vitesse des navires s'estime. Le loch n'est inventé qu'en 1575.

Recherche pour traverser le détroit à partir de la côte ouest.

1536. Pedro de Valdivia, premier gouverneur général du Chili – à cette époque subordonné au Vice Roy du Pérou – fut le premier à diriger les explorations par mer, vers le sud, le long de la côte du Chili. Il devait atteindre 40° de latitude sud. Endroit où fut érigée la ville portant son nom, Valdivia. Ensuite, il retourna à Valparaiso qu'il avait fondé en 1536.

1553. Vu la longueur des communications avec l'Espagne par la route de l'isthme de Panama, Pedro de Valdivia était déterminé à faire transiter par le détroit de Magellan. Après la fondation de deux villes chiliennes supplémentaires : La Concepción et La Imperial, Valdivia commissionna le capitaine Francisco de Uloa avec deux navires, afin de reconnaître l'entrée ouest du détroit de Magellan. Le deuxième navire était commandé par Cortes Hojéa que nous retrouverons plus tard avec Ladrillero. L'expédition entra dans le détroit, mais avant d'atteindre le cap Froward, elle dut régresser par suite du mauvais état des navires, du manque de provisions et de l'hostilité des natifs. A son retour à Valdivia, de Uloa apprit la mort de Pedro de Valdivia, tombé dans la guerre avec les Araucans.

1555. Le gouverneur général du Chili suivant, Don Garcia Hurtado de Mendoza, reçut l'ordre de poursuivre l'ouverture d'une route par le détroit. A la fin de 1557 il plaça Juan Fernandez Ladrillero – un capitaine expérimenté, ayant onze voyages d'Espagne vers les Antilles à son actif – à la tête d'une expédition de soixante âmes embarquant dans trois petits navires : *San Luis*, *San Sebastian* et *San Salvador*. Ladrillero devait prendre possession des terres au sud de Valdivia et dans le détroit de Magellan.

La petite flotte quitta Conceptión le 17 novembre 1557. Le 9 décembre une violente tempête sépara les navires. Hojéa à bord du *San Sebastian* explore, en compagnie du *San Salvador*, les entrées le long de la côte. Ils souffrent constamment du gros temps et se croient plusieurs fois perdus. Finalement, arrivés vers 51° sud et ayant poussé loin vers l'est dans le labyrinthe des canaux, ils atteignent un chenal qu'ils qualifient de leur ultime espoir, Ultima Esperanza. Ce chenal porte toujours ce même nom aujourd'hui.

Le *San Sebastian* et le *San Salvador* firent demi-tour le 31 janvier 1558, sans avoir découvert l'entrée du détroit. Le voyage du retour ne fut pas facile. Revenus à proximité du canal Trinidad, le *San Sebastian* et le *San Salvador* étaient en si mauvais état qu'ils durent être démolis, leurs agrès et du bois abattu sur place servant à construire un nouveau navire qui ramena tous les occupants sains et saufs à Valdivia, le 1er octobre 1558.

Le *San Luis* avec Ladrillero explora même plus de chenaux que ne le fit Hojéa. Il reconnut l'entrée du détroit de Magellan et fut le premier à le franchir d'ouest en est. L'historien chillien Barros est d'avis que la contribution de Ladrillero à la connaissance géographique des chenaux est immense. D'après cet historien son journal de bord indique de façon parfaitement précise la route suivie et elle peut aisément être tracée sur une carte moderne. Plus que tout autre explorateur, il fut à même de conserver des relations harmonieuses avec les populations autochtones.

Ladrillero n'a jamais été honoré pour ses mérites. Le fait que les navires pouvaient venir d'Espagne par un plus court chemin – ce qui devait faire baisser le prix des marchandises importées - ne devait apparemment pas être connu.

1579. Voyages de Sarmiento de Gamboa. Parti à la recherche de

Drake, Sarmiento prenait la mer à Callao et mit le cap au sud avec deux navires, le *Nuestra Señora de Esperanza* et le *San Francisco.* Le 17 novembre ils aperçurent une large ouverture dans la côte qu'ils nommèrent Golfo de Trinidad. Sarmiento y entra d'abord pour se mettre à l'abri du vent du sud qui soufflait avec force et aussi dans l'espoir de trouver une route intérieure, protégée, permettant d'atteindre le détroit de Magellan. Il chercha un bon ancrage pour ses navires et laissa le *San Francisco*, commandé par Juan de Villalobos, à Puerto Rosario. Continuant avec le *Nuestra Señora de Esperanza* il découvrit et nomma canal Concepción, canal Sarmiento, atteignit seño Union, sortit en mer par l'Estrecho de Nelson, remonta par canal Esteban et, revenu près du *San Francisco,* décida de poursuivre par mer. Il ancrait à Bahia Wodsworth, dans le détroit de Magellan, le 2 février 1580. Plus tard il passa le cap Froward, qu'il nomma Santa Agueda et plus loin un point qu'il nomma Santa Ana. C'est là qu'il devait plus tard, en 1584, installer la deuxième colonie venue pour occuper le détroit. Cette occupation se termina tragiquement telle que le suggère l'endroit appelé : Puerto Hambre.

Seconde phase : l'époque scientifique

Elle connut son véritable essor après la fin des guerres napoléoniennes. Parmi les principales, figurent les expéditions anglaises de la *Beagle* et l'expédition française de la *Romanche.*

1826. Départ à Plymouth de l'*Adventure* 330 tonnes et de la *Beagle* 230 tonnes avec comme objectif : de réaliser le relèvement exact des côtes méridionales de l'extrême sud, depuis l'entrée du Rio de la Plata jusqu'à la Terre de Feu et l'île de Chiloé. La première expédition se réalisa sous le commandement de Philip Parker King. Pringles Stokes commanda la *Beagle.* Robert Fitz Roy le remplaça après sa mort.

Cette expédition prit quatre années. Elle rentra en Angleterre avec quatre Fuégiens, trois hommes et une jeune fille, que Fitz Roy voulait éduquer, afin qu'ils servent plus tard de modèles à leurs congénères. Ils avaient été baptisés des noms de : York Minster, Jemmy Button, Boat Memory. La jeune fille fut baptisée sous le nom de Fuegia Basket.

1832. La seconde expédition quitta Barnpool en janvier. Seule la *Beagle,* sous le commandement général de Fitz Roy y participait. Un jeune naturaliste nommé Darwin accompagnait l'expédition.

1882. Expédition française au cap Horn.

Pour étudier, en collaboration avec d'autres États, les phénomènes magnétiques et météorologiques de la région, la France avait décidé de fonder une station scientifique au cap Horn. Elle arma à cette fin le navire *La Romanche* et le plaça sous le commandement du capitaine de frégate L.F. Martial.

Le navire appareilla à Cherbourg et après une escale à Ténérife et à Montévidéo visita tout l'archipel magellanique, complétant en certains lieux, rectifiant en d'autres, le travail hydrographique exécuté par l'expédition de la *Beagle.*

La *Romanche* avait établi son quartier général dans la baie Orange, près du cap Horn. Les travaux de l'expédition furent très fructueux et cette présence de la France en Amérique australe se perpétue par l'origine des noms de lieux affectés par ceux de la *Romanche.*

1879. Exploration du capitaine Mc Clear.

Dans les cartes marines, antérieures à l'exploration du navire anglais *Alert,* commandé par le capitaine Mc Clear, les canaux Piction et Fallos étaient dessinés comme une même voie ininterrompue. Cette représentation se révéla inexacte et l'objet de cette expédition consistait principalement à rectifier cette erreur et à établir dans quelle mesure les différents canaux communiquaient entre eux, l'objectif final étant de savoir si ces chenaux pouvaient offrir une voie de communication alternative pour le transit maritime. Les cartes anglaises actuelles se basent encore, dans une large mesure, sur les travaux de l'*Alert.*

1885. Exploration du capitaine Serrano Montaner.

La Marine chilienne, désireuse d'explorer plus avant la possibilité d'éviter aux navires transitant par le canal Messier l'étroit passage connu sous le nom d'Angostura Inglesa, commissionna le capitaine Serrano, commandant l'aviso *Toro* dans le but de parfaire le relèvement des canaux Fallos, Ladrillero et Picton.

Cette exploration marque la fin des expéditions exclusivement européennes. Le Chili est alors prêt à entreprendre l'étude de son territoire par ses propres moyens et entreprend, parmi d'autres travaux hydrographiques :

Le relèvement du canal Baker, en 1900.

Le relèvement du seño Ultima Esperanza, en 1903.

Le relèvement de l'archipel de la reine Adelaïde, en 1904.

Le relèvement de l'archipel Madre de Dios, en 1910.

La reconnaissance des archipels Mornington, North et Campana, en 1911.

Ces différents travaux n'ont pas cessé depuis. La connaissance des innombrables particularités de la géographie australe est actuellement encore loin d'être achevée. Les moyens modernes de positionnement permettent des améliorations constantes dans l'exactitude de la cartographie. Un exemple : la plupart des amers remarquables figurant sur la carte anglaise nº 1286, édition corrigée jusqu'en 1988, sont décalés de plus d'un mille de leur position exacte. Puerto Payne, dans canal Picton, y est cartographié par 49º 42′ sud, alors que la latitude réelle est de 49º 40′ sud.

Ces décalages obligent le navigateur à se positionner exclusivement par rapport à la terre. Les indications du Satnav, quoique d'une grande exactitude, ne doivent pas, dans la navigagion côtière, être considérées autrement que comme une vague référence, ceci d'autant plus dans les régions peu connues, car la cartographie dressée par triangulation l'est toujours à partir d'un point donné. Si les coordonnées géographiques de ce point ne sont pas exactes, l'ensemble des relèvements prenant ce point comme base est décalé, mais seulement par rapport aux coordonnées géographiques. Les terres peuvent être, et sont en général, exactement relevées les unes par rapport aux autres.

En Patagonie, je n'ai quasiment jamais trouvé une parfaite concordance entre les indications du Satnav et celles de la cartographie. Quelques cartes chiliennes récentes mentionnent le positionnement par le système géodésique mondial (WGS-72). Ces cartes-là sont évidemment d'une plus grande exactitude. Mais il y en a encore très peu et comme le relèvement complet de nouvelles cartes demande un travail considérable, ce n'est pas demain que les cartes anciennes seront remplacées.

Annexe 2

Données météorologiques enregistrées sur l'île d'Horn durant un court séjour débutant le 16 janvier 1988 pour se terminer le 24 du même mois.

Date : heure	*Press : mb*	*Direct. : vent*	*Vit./n*	*Temp.*	*Hr %*
16:2	987,3	240	25	6,4°	86
16:5	987,3	250	17	5,6°	89
16:8	987,0	280	5	5,8°	97
16:11	984,8	250	15	7,2°	95
16:14	982,8	010	15	7,8°	95
16:17	981,2	010	10	10,6°	95
16:20	980,4	080	5	10,2°	95
16:23	980,4	090	4	9,0°	98
17:2	979,6	120	6	8,0°	95
17:5	980,6	100	5	8,0°	97
17:8	980,6	130	3	8,4°	97
17:11	981,4	170	15	7,0°	95
17:14	982,0	170	15	6,8°	95
17:17	982,0	170	15	7,2°	97
17:20	983,0	170	13	6,8°	97
17:23	984,4	170	14	5,6°	97
18:2	985,6	270	25	5,6°	94
18:5	986,2	150	30	5,4°	97

18:8	987,8	180	28	5,0°	97
18:11	991,0	180	25	4,4°	94
18:14	994,4	130	20	4,4°	97
18:17	997,0	180	20	4,3°	94
18:20	999,5	180	20	3,9°	87
18:23	1002,5	160	17	3,4°	88
19:2	1003,5	210	17	3,6°	85
19:5	1005,0	190	7	3,8°	90
19:8	1006,0	250	5	3,9°	93
19:11	1006,6	200	12	6,2°	84
19:14	1006,6	190	12	6,8°	87
19:17	1005,8	180	20	5,4°	88
19:20	1004,4	280	25	6,2°	89
19:23	1002,8	270	25:35	4,6°	88
20:2	1000,4	270	25	5,0°	94
20:5	996,6	290	20:38	4,6°	97
20:8	994,4	250	30:45	7,0°	95
20:11	992,4	270	30:40	7,8°	95
20:14	990,0	270	30:45	6,8°	95
20:17	987,0	270	32	6,8°	95
20:20	987,0	220	33:45	6,6°	95
20:23	988,0	240	33:45	6,2°	97
21:2	987,0	230	35:45	5,4°	94
21:5	988,0	240	30:45	5,8°	94
21:8	989,0	240	35:45	5,8°	94
21:11	990,0	240	30	6,4°	94
21:14	991,2	240	30	6,2°	96
21:17	994,5	230	30	6,6°	89
21:20	997,5	230	30:45	5,6°	92
21:23	1000,5	210	35	5,0°	83
22:2	1003,0	210	35	4,6°	88
22:5	1004,5	210	35	4,0°	88
22:8	1005,0	210	30	5,0°	77
22:11	1005,4	240	20	6,2°	78
22:14	1004,4	260	20	6,8°	82

22:17	1001,8	280	13	7,0°	97
22:20	998,2	290	30	7,8°	95
22:23	995,0	280	40:50	7,8°	95
23:2	992,4	260	40:57	7,8°	95
23:5	991,6	270	40:59	7,8°	95
23:8	993,0	240	35:55	7,2°	95
23:11	993,2	220	40:50	6,6°	95
23:14	995,2	220	35:45	8,4°	82
23:17	996,0	270	30:40	8,0°	87
23:20	996,0	270	25:35	7,4°	92

Trop fragmentaires pour démontrer, ces données n'ont qu'une valeur relative. Nonobstant, elles confirment clairement : que les indications du baromètre n'ont que peu ou pas de rapport avec la force des vents. Toutefois, on ne peut perdre de vue que si la pression barométrique est de peu d'utilité dans les prévisions, elle peut néanmoins fournir des indications précieuses sur l'évolution et le déplacement des centres dépressionnaires.

De la météorologie des régions comprises entre le détroit de Magellan et le golfe de Peñas, découlent quelques règles qu'il est bon de connaître et dont certaines s'adaptent également aux conditions de l'extrême sud. A savoir :

Les vents du secteur est sont rares et généralement faibles. Ils sont le signe certain d'une embellie et s'observent par temps sec et calme.

Venant de terre ces vents ne soulèvent aucune houle. Ils peuvent se maintenir durant près d'une semaine et sont en général précédés de vents du sud et d'un ciel serein. Dans l'extrême sud, ils déterminent un temps froid. Au nord du détroit de Magellan, au contraire, ils s'accompagnent d'une hausse sensible de la température.

Les vents du premier et deuxième quadrant sont plus fréquents en hiver qu'en été.

Les vents du sud-ouest sont généralement moins forts que les vents d'ouest, eux-mêmes moins forts que ceux du nord-ouest, les plus violents.

Le vent du sud-ouest caractérise une situation de traîne et

s'accompagne de grains, souvent avec fortes pluies ou grosse grêle. Ce vent dure moins longtemps que le vent d'ouest qui le précède et, pour autant qu'il ne saute pas au nord, laisse une partie du ciel dégagée.

Le vent du sud-ouest est plus fort de jour que de nuit. Dans les archipels Patagons, le vent d'ouest est plus bénin que les vents du quatrième quadrant. Il ne forcit que progressivement et s'accompagne d'un ciel peu nuageux alternant avec des chutes de pluie modérées.

Les signes précurseurs des vents d'ouest comportent un ciel clair dans l'ouest et des averses de pluie en été ou de grêle en hiver.

Les vents du nord-ouest sont les plus dangereux, car ils se déchaînent brutalement, s'accompagnent d'une médiocre visibilité et de fortes chutes de pluie. L'aspect précurseur du ciel se caractérise par une panne de nuages sombres dans le nord-ouest. Ce vent est très variable dans son évolution. Il passe parfois immédiatement à l'ouest et parfois recule * au nord, mais la fin de la période coïncide en général avec des vents d'ouest.

Le navigateur Patagon fait bien de scruter constamment le ciel dans le nord-ouest et de savoir qu'un horizon bouché dans cette direction risque de lui donner du fil à retordre.

Le nord-ouest est en général plus fort avant que le soleil ait culminé qu'au cours de l'après-midi ou de la nuit. Le vent du nord détermine un temps pluvieux. Il évolue généralement vers le nord-ouest. S'il le fait brutalement, une forte perturbation est à craindre.

Certaines de ces règles se retrouvent dans la météorologie des régions situées au sud du détroit de Magellan, mais elles sont moins affirmées et moins régulières dans leur évolution. Le temps y est en général extrêmement variable, passant du calme à la tourmente en une séquence, souvent de très courte durée.

*. Dans l'hémisphère nord, on dit que les vents reculent lorsqu'ils tournent de droite à gauche, c'est-à-dire du nord à l'ouest. Au sud de l'équateur, les vents reculent lorsqu'ils tournent de gauche à droite. R. Gruss. *Petit Dictionnaire de marine.*

Caractéristiques sommaires de quelques ancrages sur les itinéraires fréquentés de la Patagonie maritime, relevées d'après mes expériences personnelles.

1. Au sud du détroit de Magellan

Canal Gabriel. Bahia Fitton. Puerto Angel, sur la rive ouest. Moyennement abrité, relativement profond.

Canal Magdalena. Bahia Morris, sur la rive ouest du canal. Excellent abri.

Puerto Imprévisto, sur la rive sud. Abrité, relativement profond (30 mètres). Possibilité amarrer aux arbres. Cadre pittoresque.

Canal Agostini. Seño Hyatt. Surgidero Mentiroso, rive nord du seño. Ancrage dangereux, ouvert aux vents d'ouest. A déconseiller.

Seño Martinez. Caleta Escandallo, sur la rive ouest du seño. Excellent abri. Se méfier du banc de sable qui s'étend sur le côté nord-est du mouillage.

Canal Cockburn. Seño Chico, sur la rive sud. Au fond près du glacier, abrité, bonne tenue, glaces dérivantes au printemps. Cadre pittoresque.

Puerto Soffia. Seño Prat, sur la rive ouest. Excellent, abrité, bonne tenue.

Caleta Barrow, sur la côte sud de l'île Diego. Très ouvert, exigu, à déconseiller.

Canal Engaño. Excellent mouillage parfaitement abrité, excursions possibles dans passage pittoresque vers seño Prat.

Canal Ocasión. Caleta Brecknock, au fond du seño. Très abrité, moyenne profondeur, possibilité amarrer à terre, pittoresque.

Canal Ballenero. Puerto Edwards, à l'ouest de Bahia Desolada. Mauvais abri, williwaw's très violents.

Puerto Langlois, idem.

Canal Ballenero. (suite), Puerto Fanny. Mouillage extérieur : abri moyen, williwaw's violents. Mouillage intérieur, mieux abrité mais relativement profond (25 à 40 mètres).

Canal O Brien. Puerto Fortuna. Bon abri.

Seño Darwin. Seño Garibaldi, Puerto Garibaldi, près de quatre

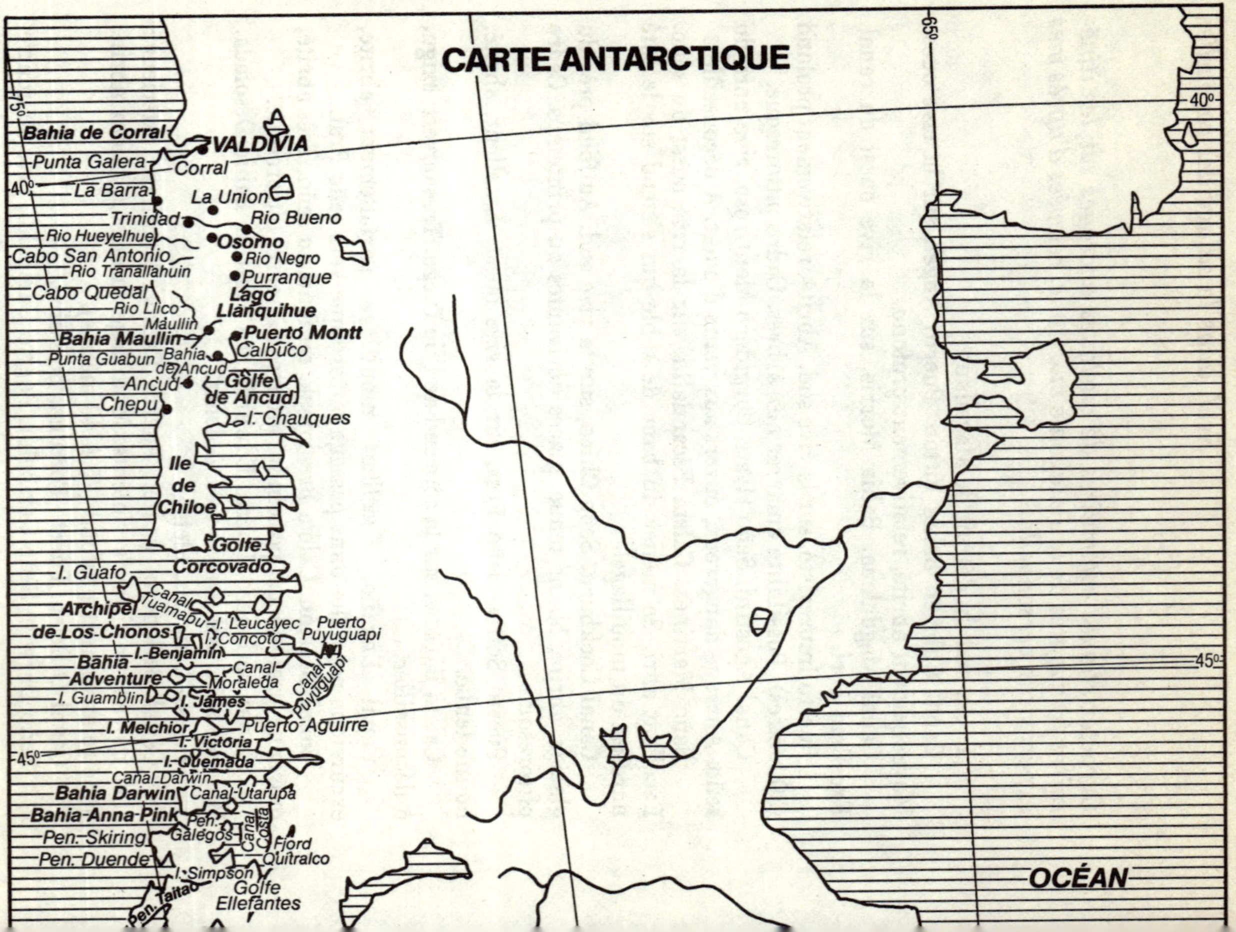
CARTE ANTARCTIQUE
OCÉAN
40°
45°
65°
75°
Bahia de Corral
VALDIVIA
Punta Galera
Corral
La Barra
La Union
Trinidad
Rio Bueno
Rio Hueyelhue
Osorno
Cabo San Antonio
Rio Negro
Rio Tranallahuin
Purranque
Cabo Quedal
Lago
Llanquihue
Rio Llico
Maullin
Bahia Maullin
Puerto Montt
Punta Guabun
Bahia
de Ancud
Calbuco
Ancud
Golfe
de Ancud
Chepu
I. Chauques
Ile
de
Chiloe
Golfe
Corcovado
I. Guafo
Canal
Tuamapu
Archipel
de Los Chonos
I. Leucayec
I. Concoto
Puerto
Puyuguapi
I. Benjamin
Bahia
Adventure
Canal
Moraleda
Canal
Puyuguapi
I. Guamblin
I. James
I. Melchior
Puerto Aguirre
I. Victoria
I. Quemada
Canal Darwin
Bahia Darwin
Canal Utarupa
Bahia Anna Pink
Pen.
Galegos
Canal
Costa
Pen. Skiring
Fjord
Quitralco
Pen. Duende
I. Simpson
Pen. Taitao
Golfe
Ellefantes

de Penas
Canal Cheap
Archipel Guayaneco
I. Wager
I. Byron
Canal Messier
Brazo del Oeste
I. Campana
I. Serrano
Canal Ladrillo
I. Wellington
Pen. Wharton
OCÉAN
Canal Trinidad
Golfe Trinidad
I. Madre de Dios
50°
ESTRECHO DE CONCEPTION
I. Chatam
I. Duque de York
I. Hanover
Cordillière Darwin
I. Diego de Almagro
ESTRECHO NELSON
I. Ramirez
Seno Unio
Iles Rennell
PACIFIQUE
Seno de Skiring
I. Grande
ESTRECHO DE MAGALLANES (CANAL DE MAGELLAN)
Seno de Otway
Ile Desolacio
Peninsula Cordova
Canal Abra
Peninsula de Brunswick
Punta Arenas
Bahia Inutil
Canal Whiteside
Ile Dawson
I. Capitan Aracena
I. Clarence
Canal Magdalena
Seno Agostino
Canal Cockburn
Pen. Brecknock
Paso Brecknock
Canal Ballenero
Bahia Desolada
I. Stewart
Canal Beagle
Ile Gordon
I. O'Brien
Pen. Pasteur
Pen. Hardy
Falso Cabo de Hornos
I. d'Horn
CAP HORN
ATLANTIQUE
50°
Bahia Grande
Cap des Vierges
Punta Dungeness
Bahia Posesion
ESTRECHO DE MAGALLANES (CANAL DE MAGELLAN)
Ile Grande
Rio Grande
Terre de Feu
55°
55°
75°
70°
65°

milles à l'intérieur du seño. Abrité des vents d'ouest, mais pas de ceux du nord. Bonne tenue par 10 mètres de fond.

Canal Beagle. Bras nord-ouest Bahia Romanche, dans caleta Morning. Excellent abri.

Caleta Olla, au pied du glacier Holanda. Bon abri.

Caleta Sonia, près de Punta Yamana. Abri moyen.

Bahia Yendegaia, caleta Contreras, derrière l'îlot Gonzales. Bon abri.

Bahia Lapataia. Argentine. Excellent abri dans environnement pittoresque.

Ushuaia, port argentin important. Ancrage opportun, mais quelconque en rade.

Puerto Williams. Port militaire chilien. Excellent abri dans seño Milcavi.

Puerto Eugenio. Dans la partie ouest de la baie, abrité des vents du troisième et quatrième quadrant. Tenue moyenne.

Isla Nueva. Caleta Carlos. Assez ouvert, peu protégé de la houle.

Estrecho De Le Maire. Bahia Buen Succeso, sur la côte ouest. Très bon abri sauf par gros temps du sud-est.

Peninsula Hardy. Bahia Lort. Dans le nord de la baie. Très bon, abrité de tous les vents.

Isla Wollaston. Bahia Scourfield, caleta Lientur dans le coin nord-ouest. Abri sûr, vents du nord-ouest et sud-est se font sentir.

Isla Herchel. Caleta Martial. Bon ancrage par fond de 11 mètres protégé de tous les vents, hormis ceux d'est.

2. Ancrages dans le détroit de Magellan.

Océan Atlantique. Surgidero Condor. Mouillage forain, protégé des vents d'ouest, face à la partie la plus haute de la falaise à couvert du cap, dans 12 mètres d'eau. Bonne tenue.

Punta Dungeness. Fondeaderos Zealous à l'ouest et Dungeness à l'est de la pointe. Bons abris si protégé du vent.

Bahia Posesión. Aucun ancrage recommandable. Ouverts, houle et courants importants. A déconseiller formellement.

Punta Delgada. Sous la pointe portant le phare. Moins mauvais ancrage des environs. Bonne tenue, mais peu protégé des vents.

Bahia Gregorio. Puerto Sara. Peu protégé du vent, tenue médiocre, demande de mouiller très près de la côte. Ouvert à l'est.

Punta Arenas. Port commercial important. Peu de place disponible à quai. A éviter.

Puerto del Hambre. Bonne tenue, protégé des vents dominants.

Caleta Beaubassin. Excellent abri, pittoresque.

Bahia Snug. Abri précaire.

Bahia Woods. Ouvert, abri moyen.

Bahia Fortescue. Assez ouvert, mais bonne tenue.

Caleta Galland. Excellent abri, chenal d'entrée étroit.

Bahia Borja. Excellent abri.

Bahia Havergal. Bon abri, mais ouvert aux williwaws.

Caleta Playa Parda. Bon abri, bonne tenue.

Puerto Angosto. Bon abri, bonne tenue, mais assez profond.

Caleta Luis. Nord-est de la Isla Cordova. Bras nord, exigu, mais bon abri et bonne tenue. Le bras sud est dangereux.

Caleta Sylvia. Isla Providencia. Abri précaire, vents violents, mauvaise tenue.

Puerto Tamar, entre cabo Tamar et punta Byron. Abri précaire à éviter.

Bahia Wodsworth. Meilleur ancrage des environs dans bras sud-est, mais assez profond (30 mètres).

3. Ancrages au nord du détroit de Magellan.

Canal Smyth. Bahia burgoyne. Très bon ancrage, mais profond (32 mètres).

Canal Mayne. Fondeadero Summer. Assez ouvert, bonne tenue.

Canal Smyth. Isla Baverstock, Bahia Fortuna. Très bon abri, bonne tenue, excellent.

Estrecho Collingwood. Caleta Columbine sur la côte est de isla Newton. Bon abri, bonne tenue, mais exposé aux williwaws.

Canal Sarmiento. Bahia Wodehouse, sur la rive ouest. Bon abri, bonne tenue, mais profond (30 mètres).

Abra Lecky, caleta Ocasión. Exigu, abri précaire.

Puerto Mayne, sur la rive est. Excellent abri.

Puerto Bueno, sur la rive est. Excellent abri.

Canal Inocentes. Bahia Wide. Ouvert, bonne tenue, abri moyen.

Canal Concepción. Puerto Bermejo. Peu de protection, n'est pas conseillé.

Seño Molyneux. Bon abri.

Bahia Tom, puerto Señoret. Excellent ancrage, entrée étroite, ne convient pas à être franchie dans l'obscurité.

Bahia Tom, estero Henderson. Excellent ancrage, entrée facile.

Canal Wide. Caleta Chacabuco. Abri opportun, mais moyen.

Paso Del Indio. Puerto Eden. Abri opportun et d'excellente qualité.

Canal Messier. Caleta connor. Excellent abri.

Bibliographie

Antonio Pigafetta. *Relation du premier voyage autour du monde par Magellan.* Éditions Gust Janssens. Anvers, 1923.

Pedro Sarmiento de Gamboa. *Viajes Al Estrecho de Magallanes.* 2 volumes. Emecé Editores, s.a. Buenos Aires, 1950.

Samuel Eliot Morison. *The European Discovery of America.* 2 volumes. Oxford University Press. New York, 1974

Hakluyt. *Voyages.* 8 volumes. Everyman's Library. London, 1907.

Charles Darwin. *Voyage d'un naturaliste autour du monde.* François Maspero. Paris, 1982.

A. Thomazi. *Les Flottes de l'Or.* Payot. Paris, 1956.

J. Emperaire. *Les Nomades de la Mer.* Gallimard. Paris, 1955.

Monique de La Roncière et Michel Mollat du Jourdin. *Les Portulans. Cartes marines du XIIIe au XVIIe siècle.* Nathan – Office du livre. Fribourg, 1984.

Joshua Slocum. *Sailing Alone Around the World.* Rupert Hart-Davis. London, 1963.

Stephen Leatherwood and Randall R. Reeves. *Whales and Dolphins.* Sierra Club Books. San Francisco, 1983.

Derrotero de la costa de Chile. 5 volumes. Instituto Hidrografico de la Armada. Chili, 1985.

South America Pilot. 4 volumes. Hydrographer of the Navy. Taunton, 1975.

Remerciements

Je remercie ceux qui m'ont écrit, encouragé et préservé de la solitude.

Je remercie ceux, inconnus et anonymes, qui par un regard, un sourire ou un simple geste de sympathie m'ont conforté pendant ma route.

Ma reconnaissance va aussi au public des conférences dont l'enthousiasme et l'amitié ont communiqué la motivation nécessaire.

Ainsi qu'aux organisations qui m'ont permis d'entrer en contact avec ce public :

« Exploration du Monde » en Belgique.

« Connaissance du Monde » en France.

« Les Explorateurs » au Canada.

« Explorateurs et cinéastes » en Afrique.

Table

Cet ouvrage a été réalisé sur
Système Cameron
par la SOCIÉTÉ NOUVELLE FIRMIN-DIDOT
Mesnil-sur-l'Estrée
pour le compte des Éditions Arthaud
le 4 avril 1989

Imprimé en France
Dépôt légal : avril 1989
N° d'édition : 1952 - N° d'impression : 10583